Symposium

Instandsetzung
bedeutsamer Betonbauten
der Moderne in Deutschland

Herausgeber:
Prof. Dr.-Ing. Harald S. Müller
Dipl.-Wirt.-Ing. Ulrich Nolting
Dipl.-Ing. Michael Vogel
Dipl.-Ing. Michael Haist

Symposium

Instandsetzung bedeutsamer Betonbauten der Moderne in Deutschland

1. Symposium Baustoffe und Bauwerkserhaltung
Universität Karlsruhe (TH), 30. März 2004

mit Beiträgen von:
Dipl.-Ing. Hubert Baumstark
Dipl.-Ing. Petra Bohnenberger
Dipl.-Ing. Edgar Bohner, MSc
Prof. Berthold Burkhardt
Dr.-Ing. Martin Günter
Dr. phil. Clemens Kieser
Prof. Dr.-Ing. Harald S. Müller
Dr.-Ing. Rudolf Pörtner
Dipl.-Ing. Arch. Hans Rasche
Prof. Dr.-Ing. Hartwig Schmidt
Dipl.-Ing. Michael Vogel

Veranstalter:
Universität Karlsruhe (TH)
Institut für Massivbau und Baustofftechnologie
76128 Karlsruhe

Landesdenkmalamt Baden-Württemberg
LDA in Karlsruhe
Moltkestraße 74
76133 Karlsruhe

Beton Marketing Süd GmbH
Gerhard-Koch-Straße 2+4
73760 Ostfildern

universitätsverlag karlsruhe

Impressum
Universitätsverlag Karlsruhe
c/o Universitätsbibliothek
Straße am Forum 2
76131 Karlsruhe
www.uvka.de

Universitätsverlag Karlsruhe
2. unveränderte Auflage 2007
Print on Demand

ISBN 978-86644-098-2

Hinweis der Herausgeber:
Für den Inhalt namentlich gekennzeichneter Beiträge ist die jeweilige Autorin bzw. der
jeweilige Autor verantwortlich

Vorwort

Die Erhaltung und Umnutzung von Bauwerken ist zur zentralen Bauaufgabe in Deutschland herangewachsen. Weit mehr als die Hälfte der jährlichen Bauinvestitionen fließt in dieses Tätigkeitsfeld. Dabei kommt der Erhaltung bzw. Instandsetzung von Betonbauten der Moderne eine große Bedeutung zu.

Zahlreiche dieser Betonbauwerke werden bereits heute als wichtige historische Zeugnisse eingestuft oder haben gar den Rang von Baudenkmälern erreicht. Bei ihrer Instandsetzung scheidet eine konventionelle Vorgehensweise weitgehend aus. Anzuwenden sind denkmalgerechte Erhaltungsmaßnahmen, die das gewachsene Erscheinungsbild bewahren und gleichzeitig den heutigen Nutzungswünschen Rechnung tragen. Dies erfordert eine enge Zusammenarbeit zwischen Bauherren, Architekten, Ingenieuren und Denkmalpflegern.

Im Mittelpunkt dieser Veranstaltung stehen technische Lösungswege im Rahmen denkmalgerechter Instandsetzungs- bzw. Erhaltungsmaßnahmen. Deren Grundlagen und die Behandlung neu entwickelter Technologien nehmen einen breiten Raum ein. Darüber hinaus berichten erfahrene Architekten und Ingenieure in Fallbeispielen über interessante Projekte.

Die Veranstaltung hat zum Ziel, den heutigen Wissensstand zu bündeln und für die Baupraxis verfügbar zu machen. Sie richtet sich nicht nur an Architekten, Ingenieure und Denkmalpfleger sowie weitere Fachkreise aus Industrie und Handwerk.

Auch Bauherren, in deren Obhut sich unser bauliches Erbe befindet, sollen über die modernen Möglichkeiten denkmalgerechter und wirtschaftlicher Erhaltungsmaßnahmen im Bauwerksbestand informiert werden.

Die Veranstalter

Grußwort

Forschung und Lehre auf dem Gebiet des Bauens haben an der Universität Fridericiana zu Karlsruhe eine bis zu ihren historischen Wurzeln zurückreichende Tradition.

Im Jahr 1825 wurde die "Polytechnische Schule" in Karlsruhe durch Vereinigung der Bauschule von Friedrich Weinbrenner, der Ingenieurschule von Johann Gottfried Tulla sowie der Lehranstalt für Maschinenbau Freiburg und einer Forstschule gegründet. Tulla und Weinbrenner waren weit über die Landesgrenzen hinaus bekannte Ingenieure und Baumeister. Die Polytechnische Schule erhielt Hochschulcharakter und wurde 1885 in "Technische Hochschule Fridericiana" und 1967 in „Universität Karlsruhe (TH)", dem heutigen Namen unserer Lehr- und Forschungsstätte, umbenannt.

Die erste Vorlesung im Fach Stahlbetonbau an der Universität Karlsruhe wurde im Sommersemester 1905 gehalten. Das damals noch junge, sich rasch entwickelnde Lehrgebiet des „Eisenbetonbaus" erforderte die Einrichtung eines eigenen Lehrstuhls. Dieser wurde im Jahre 1916 mit Dr.-Ing. Emil Probst als Ordinarius für Eisenbeton an die Technische Hochschule Karlsruhe besetzt. Probst gründete 1919 das Institut für Beton- und Eisenbetonbau, welches heute die Bezeichnung Institut für Massivbau und Baustofftechnologie trägt.

In den Anfängen dieses Instituts war die Forschung auf das Verständnis des Verhaltens des Werkstoffs Beton und des Tragverhaltens von Stahlbeton ausgerichtet. Später wurden vermehrt auch Fragen der Dauerhaftigkeit und Beständigkeit behandelt. Diese Entwicklung vollzog sich parallel zu den Problemen der Praxis, die die universitäre Forschung im Bereich des Betonbaus stets maßgeblich beeinflusste. So ist es nicht verwunderlich, dass heute, wo das Bauen im Bestand in der Bundesrepublik mehr als die Hälfte der Bauinvestitionen beansprucht, Fragen der Substanzerhaltung und Instandsetzung auch in der Forschung eine zentrale Rolle spielen.

Darüber hinaus ist es unsere verpflichtende Aufgabe, historisch wertvolle Bausubstanz unter kulturellen und denkmalpflegerischen Gesichtspunkten für nachfolgende Generationen zu erhalten. Diese Thematik greift das Symposium „Instandsetzung bedeutsamer Betonbauten der Moderne in Deutschland" auf und schafft ein Diskussionsforum für Wissenschaft und Praxis im Interesse der Erhaltung historischer Bauwerke.

Ich wünsche diesem Symposium an der Universität Karlsruhe anregende Diskussionen und einen erfolgreichen Verlauf.

Prof. Dr. sc. tech. Horst Hippler
Rektor der Universität Karlsruhe

Inhalt

Betonbauten der Moderne –
Eine kurze Entwicklungsgeschichte des Stahlbetonbaus

Hartwig Schmidt

Zusammenfassung

Fast genau ein Jahrhundert hat die Suche nach einem wasserfesten Bindemittel gedauert – von 1755, beginnend mit den ersten Versuchen John Smeatons (1724-1792) über die Experimente John Aspdins (1778-1855) und seinem Patent auf „Portlandzement" bis zur fabrikmäßigen Herstellung Mitte des 19. Jahrhunderts. Nur noch ein halbes Jahrhundert sollte es dauern bis der Beton sich als Baumaterial durchsetzte und die vorindustriellen Bauweisen ablöste – von 1847, als François Coignet (1814-1888) die Verbundbauweise entwickelte bis zur Monier-Broschüre Mathias Koenens 1886, die als theoretische Grundlage des Stahlbetonbaus anzusehen ist. Am Beginn stand das Bemühen, die vergänglichen und feuergefährlichen Baumaterialien (Holz, Schmiedeeisen) zu ersetzen, am Ende war eine ganz neue Bauweise entwickelt worden, die Architektur und Ingenieurbau bisher ungeahnte gestalterische und konstruktiven Möglichkeiten eröffnete.

1 Einführung

Stahlbeton ist heute das wichtigste Baumaterial. Stahlbeton ist seit Beginn des 20. Jahrhunderts nicht mehr wegzudenken aus Architektur und Ingenieurbau. Immer mehr Bauten aus Stahlbeton werden als Baudenkmäler, als erhaltenswürdige Zeugen der Baukunst der Moderne, in die Denkmallisten aufgenommen. Doch geschieht dies fast immer sehr zögerlich. Der Grund dafür: Betonbauten wird der Anmutungscharakter abgesprochen, den die Allgemeinheit von einem „Baudenkmal" erwartet. Die Ursache dafür liegt in der teilweise rücksichtslosen Verwendung des Materials in den 1960er Jahren. Städtebau und Verkehrsplanung, Kahlschlagsanierung und Großsiedlungen am Rande der Stadt führten zu massiven Protesten der Bevölkerung gegen diese als brutal und unmenschlich empfundene Umgestaltung der historischen Stadt. Die Kritik fand ihren Ausdruck in der Ablehnung der von den Architekten damals bevorzugten grauen Sichtbetonflächen, des „béton bru" nach Le Corbusier'schem Vorbild, und führte zu einer Gleichsetzung von planerischen Fehlern und gestalterischer Monotonie mit dem ungeliebten Material.

Wie kam es dazu? Die Möglichkeiten des Stahlbetons wurden von Bauingenieuren entdeckt. Von ihnen wurde die Bautechnik vorangetrieben und von wagemutigen Unternehmern auf der Baustelle eingesetzt. Bereits 1907 erschien das wichtigste Lehrbuch des Stahlbetonbaus, das „Handbuch für Eisenbetonbau", herausgegeben von dem österreichischen Betonpionier Fritz von Emperger [1]. Es bestand in der zweiten Auflage (1912) aus 12 Bänden, die sich mit den technischen Problemen des Stahlbetonbaus auseinandersetzten, aber nur **einem** Band zu den architektonischen Problemen. Der Titel dieses 1911 erschienen Ergänzungsbandes lautete: „Die künstlerische Gestaltung der Eisenbetonbauten". In diesem Band versucht der Verfasser, E. von Mecenseffy, Architekt und Professor an der TH München, – wie er im Vorwort schreibt – *„an Hand einer reichen Auswahl von Abbildungen nach Bauwerken aus einem großen Teile der gesitteten Welt, den Einfluß des Eisenbetons auf die Baukunst der Gegenwart nach allen Richtungen gründlich zu prüfen und daraus Grundsätze für eine künstlerische Gestaltung zu gewinnen"* [2].

Das Problem, an dem er letztendlich scheiterte, war, dass es um 1910 erst wenige Bauten gab, die den von ihm gesuchten Eisenbetonstil verkörperten. Zu diesen gehörte das Anatomiegebäudes der Universität München, 1905-07 von den Architekten Heilmann & Littmann erbaut, eines der bedeutendsten frühen Stahlbetonbauten in Deutschland, das in seiner Gestaltung aber noch ganz traditionell war (Abbildung 1). Ein weiterer Bau, der vorgestellt wird, ist die 1908-10 erbaute protestantische Garnisonskirche in Ulm von Theodor Fischer (1862-1939) mit einem stützenfreien, von Stahlbetonbalken überspannten Kirchenschiff. Die Materialien, die Fischer verwandte, farbig lasierten Sichtbeton im Inneren, handgestrichene Backsteine und Sichtbeton für Pfeiler und Strebewerk im Äußeren, waren für den Sakralbau zu dieser Zeit ungewöhnlich [3]. Das Bauwerk erregte viel Aufmerksamkeit, denn die Verwendung von Stahlbeton für Kirchenbauten wurde als revolutionär empfunden (Abbildung 2). Beton hatte zu dieser Zeit gerade einmal Eingang in den Industrie- und Geschäftshausbau gefunden.

Abb. 19. Königliche Anatomie in München. Gesamtansicht.
Arch. Heilmann u. Littmann.

Abb. 1: Anatomiegebäude der Universität München. Stahlbetonbau, 1905-07 von der Firma Heilmann & Littmann erbaut.

Abb. 2: Ev. Garnisonskirche in Ulm. Stahlbetonkonstruktion, 1908-10 nach dem Entwurf von Theodor Fischer, München erbaut

Der Betonbau in Deutschland war 1905 erst 25 Jahre alt. 1879 hatte der Franzose Joseph Monier (1823-1906) seine Patente nach Deutschland und Österreich verkaufen können. 1887 erschien die berühmte, von der Firma Wayss & Freytag herausgegebene „Monierbroschüre" [4], die den Weg zu einem ingenieurmäßigen Eisenbetonbau aufzeigte. Zu dieser Zeit beschränkte sich die „Monierbauweise" noch weitgehend auf die Herstellung feuersicherer Decken und Wände. Erst mit der technischen Durchbildung des Plattenbalkens und der Einführung der monolithischen Bauweise durch François Hennebique (1842-1921), einem der bedeutendsten Pioniere des Betonbaus, Ende des 19. Jahrhunderts begann der moderne Stahlbetonbau [6].

2 Eduard Hennebique

Mit dem "Système Hennebique" (Abbildung 3), das 1895 von Eduard Züblin (1850-1916) in Deutschland eingeführt wurde, war es möglich, weite lichte Innenräume mit schlanken Stützen zu bauen. Vorbild für dieses neuartige Konstruktionssystem waren die Eisenkonstruktionen der Fabrikhallen aus der ersten Hälfte des 19. Jahrhunderts mit ihren grußeisernen Stützen und schmiedeeisernen Deckenträgern, von denen man angenommen hatte, dass sie feuerbeständig seien. Das waren sie aber keineswegs, wie sich in der Praxis herausstellte, denn die schmiedeeisernen Walzprofile verformten sich in der Hitze und die Bauten stürzten zusammen [5]. Und so kam zu den Vorteilen des Eisenbetons – Wirtschaftlichkeit und einfache Herstellung – eine weitere, letztendlich entscheidende Eigenschaft hinzu, die dem Material den Durchbruch im Bauwesen ermöglichte: seine Feuerbeständigkeit.

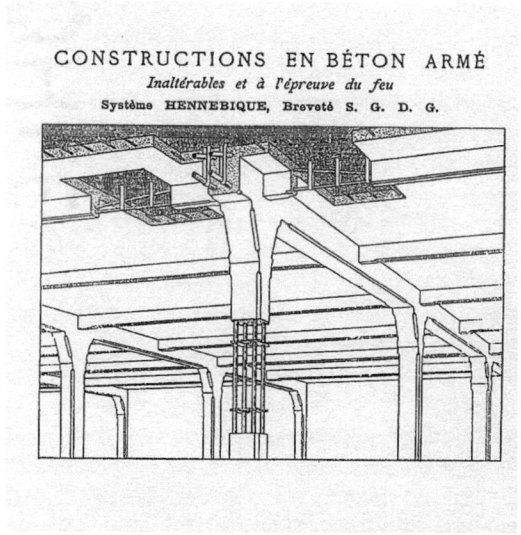

Abb. 3: Das „Système Hennebique", eine Plattenbalkendecke, die monolithisch mit den Stützen verbunden ist. Logo der Firma François Hennebique, Paris, um 1980

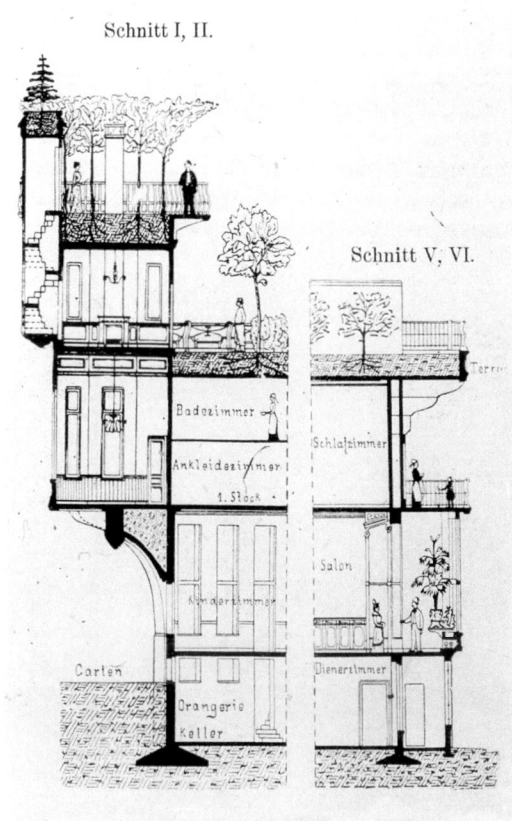

Abb. 4: François Hennebiques eigenes Wohnhaus in Bourg-la-Reine (1901–1903). Schnittzeichnung mit Betonung der wasserdichten Decken und weiten Auskragungen

Die Fassaden dieser frühen Fabrikbauten bestanden – ebenso wie bei den früheren Stahlkonstruktionen – aus Ziegelmauerwerk. Nur im Inneren blieb die Betonstruktur sichtbar. Diese einfache Bauweise, mit der der Betonbau seinen Siegeszug begann, erschien Ende des 19. Jahrhunderts wohl für Industriebauten angemessen, doch nicht für die „Hohe Baukunst". Hier verlangte der Zeitgeschmack eine dem Natursteinbau entsprechende Gestaltung. Und so entwarf auch Hennebique sein eigenes Wohnhaus, das er 1900-1902 in Bourg-la-Reine, einem Vorort außerhalb von Paris, erbaute, in einer traditionellen Architektursprache (Abbildung 4). Weit auskragende Balkone und hohe Dachaufbauten zeigen die konstruktiven Möglichkeiten des Stahlbetons, doch die Wandflächen sind wie bei einem Natursteinbau gestaltet. Betrachtet man die Oberfläche der Fassaden von Nahem, so erkennt man, dass die Fugen nur Scheinfugen sind und die raue Oberfläche auf eine mit Sackleinen überzogene Schalung zurückzuführen ist, auf der farbige Steine befestigt waren. Diese Methode, dem unansehnlichen, grauen Material eine ästhetisch anspruchsvollere Oberfläche zu geben, begleitet den Betonbau seit seiner Entstehung [7].

3   Auguste Perret

Außer den Ingenieuren François Hennebique (1842-1921) und Eugène Freyssinet (1879-1962) trug Frankreich zur Entwicklung der neuen Betonbauweise hauptsächlich durch das Werk von Auguste Perret (1874-1954) bei [8]. Auguste Perret betrieb mit seinem Bruder Gustav in Paris ein Baugeschäft, dessen Büro sich im Erdgeschoß des 1902/03 erbauten Hauses in der rue Franklin 25, unweit vom Eiffelturm, befand (Abbildung 5).

Abb. 5: Paris, rue Franklin 25 (1903–04). Das Büro der Baufirma „Perret frères" befand sich 1903-29 im Erdgeschoß des Hauses. Hier arbeitete der junge Charles-Eduard Jeanneret, der sich später Le Corbusier nannte, von Februar 1908 bis April 1909. Hier lernte er die ungeahnten Möglichkeiten des Eisenbetons kennen, die seine eigenen Architekturkonzepte entscheidend prägen sollten

Der Entwurf stammte von den Brüdern Perret, die Betonkonstruktion wurde nach dem System Hennebique ausgeführt. Dieses berühmte Haus, das sich in jeder Baugeschichte findet, zeichnet sich dadurch aus, dass Perret die Fassade in ein Gerüst aus Pfeilern und Balken auflöste und die Möglichkeiten des Stahlbetons, große Weiten zu überbrücken, auch visuell zum Ausdruck brachte. Statt aus Wandscheiben – wie im Mauerwerksbau – besteht die Tragkonstruktion aus dünnen Stahlbetonstützen. Deutlich wird dies an den großen Fensterflächen der Straßenfassade, die den Raum zwischen den Stützen ausfüllen und von einer Größe sind, die im Mauerwerksbau niemals zu erreichen gewesen wären. Dieses konstruktive Prinzip – die Trennung von Konstruktion und Verkleidung auf der Grundlage des Baumaterials Stahlbeton – ermöglichte die Architektur der Moderne. Das eigentliche Traggerüst aus Beton ist jedoch nicht sichtbar, sondern hinter Keramikplatten verschwunden – was sicher auch mit dazu beigetragen hat, dass im Laufe des jetzt 100 Jahre alten Bauwerks keine Schäden aufgetreten sind. Die Oberfläche ist durch die künstlerische Gestaltung nobilitiert und entspricht in ihrer ästhetischen Wertigkeit den Natursteinfassaden der Nachbargebäude. Die Fassade ist mit einem Blumenmuster überzogen, das sich als zeitgemäßer Jugendstildekor zu erkennen gibt. Entwurf und Herstellung der Keramikplatten stammen von dem berühmten Keramiker Alexandre Bigot.

Im Gegensatz zu dem Wohnhaus in der rue Franklin zeigte Perret die Fassade der 1907 erbauten Garage in der rue de Ponthieu (1906-07) unverkleidet, denn diese Bauaufgabe zählte nicht zur „hohen Baukunst". Auch an der Kirche Notre-Dame in Le Raincy ließ Perret die Materialqualität des Stahlbetons zu Wort kommen. Doch dieser 1922/23 errichtete Bau, der in einem der Arbeiterviertel in den Pariser Außenbezirken zur Erinnerung an die Gefallenen des Ersten Weltkrieges, die Toten der Schlacht an der Marne, entstand, blieb im Oeuvre Perrets eine Ausnahme (Abbildung 6). Die Oberflächen sind Innen und Außen sichtbar gelassen. Der Innenraum wird durch das flach gewölbte Mittelschiff und die rechtwinklig ansetzenden Tonnen des Seitenschiffs bestimmt. Beeindruckend sind die Weite der Raumes und die schlanken, 12m hohen, sich nach oben verjüngenden Stützen.

Die „arme" Konstruktion führte jedoch dazu, dass das Bauwerk im Laufe der Zeit schadhaft wurde. Da es ein geschütztes Baudenkmal ist, wurde es in den Jahren 1988-96 mit großem Aufwand saniert. Die schadhaften Betonflächen wurden ersetzt, Betonsteine ausgetauscht und fast alle Betontafeln der Fenster neu gefertigt und mit den alten Gläsern wieder eingebaut.

Die Nobilitierung des Sichtbetons gelang Perret beim Bau des Musée des Travaux Publics in Paris 1937/38, einem zweigeschossigen Ausstellungsbau mit einer klassischen Kolossalordnung vor der Fassade. Es ist Perrets Meisterstück. Im Gegensatz zu Le Raincy ist das in Ortbeton erstellte Gerüst hier steinmetzmäßig bearbeitet. Die Zuschläge sind sorgfältig ausgesucht, so dass ein heller, angenehmer Farbton entsteht. Das Foto der eleganten, geschwungenen Treppe im Rohbauzustand (Abbildung 7) zeigt die Sorgfalt, die Perret bereits auf Schalung und Herstellung des Beton verwandte, denn die sorgfältige Zusammensetzung der Zuschlagsstoffe und eine dichte Schalung waren die Voraussetzung für eine gleichmäßige Oberfläche als Grundlage der weiteren Bearbeitung. Zwischen den roh belassenen Kanten – vergleichbar dem „Randschlag" eines vom Steinmetz bearbeiteten Natursteinquaders – wurden die Spuren der Schalung beseitigt und der glatte Zementfilm mit dem Spitzeisen aufgeraut. Eindrucksvoll sind die hellen Ausstellungssäle mit ihrem klassischen Konstruktionssystem von Stütze, Balken und Architrav. Doch im Gegensatz zur klassischen Säulenordnung mit einer sich nach oben verjüngenden Entasis, sind hier die schlanken Stützen unten dünner als oben. Damit wollte Perret darauf hinweisen, dass sie nicht im Boden eingespannt sind, sondern im Architrav. Die Oberflächen der runden Stützen sind bearbeitet wie Kanneluren klassischer Säulen. Im Gegensatz zum Innenraum, wo die Stützen ohne Kapitell in die Deckenbalken gehen, haben die Säulen außen eine niedrige Basis und ein ausgearbeitetes Kapitell in der Breite des darüber liegenden Architravs, um zu veranschaulichen, dass wir es mit einer monolithischen Konstruktion zu tun haben.

Abb. 6: Kirche Notre-Dame-de-la-Consolation in Le Raincy. Innenraumfoto während der Bauarbeiten 1923

4   Die Klassische Moderne

Wie schwer es der Stahlbeton hatte, nicht nur als Baumaterial für den Ingenieurbau akzeptiert zu werden, zeigt das 1928 von Julius Vischer und Ludwig Hilberseimer zusammengestellte Buch „Beton als Gestalter". Die hierin vorgeführten Beispiele sind überwiegend Ingenieurkonstruktionen. Die Verwendung von Stahlbeton im Wohnungsbau beschränkt sich immer noch auf das tragende Gerüst, das mit anderen Materialien ausgefüllt wurde. Der Beton blieb dabei unsichtbar. Ein typisches Beispiel für diese Bautechnik sind die Häuser Le Corbusier's auf der Werkbundausstellung 1927 in Stuttgart, die aus einem Ortbetongerüst bestehen, das mit Hohlblocksteinen ausgemauert wurde (Abbildung 8).

Abb. 7: Auguste Perret, Musée des Travaux Publics in Paris (1936-38). Treppenanlage im Erdgeschoß im ausgeschalten Zustand. Foto 1937

Die Zeichnung von Alfred Roth (Abbildung 9) zeigt, wie durch das Ausmauern das Gerüst verschwindet und Teil der Wandfläche wird [9]. Das dies wenig mit dem propagierten „industriellen Bauen" zu tun hat, karikiert Roth indem er eine kleine Schubkarre als Sinnbild zwischen Anspruch und Wirklichkeit ins Bild zeichnet. Anschließend wurde der Rohbau verputzt und das ganze Haus erschien wie aus einem Guss.

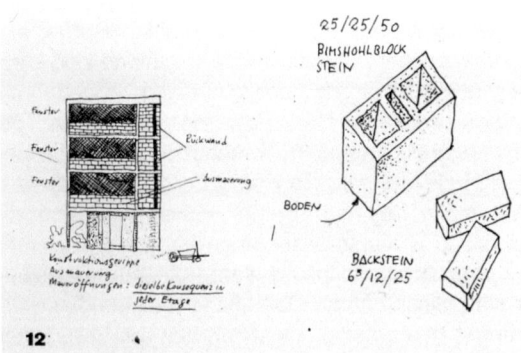

Abb. 9: Wohnhaus von Le Corbusier und Pierre
Jeanneret auf der „Weißenhofsiedlung" in
Stuttgart 1927. Konstruktionszeichnung
von Alfred Roth

Abb. 8: Zwei Wohnhäuser von Le Corbusier und
Pierre Jeanneret auf der
„Weißenhofsiedlung" in Stuttgart 1927.
Rohbauzustand

Abb. 10: Am Beginn der Nobilitierung des schalungsrauen Sichtbetons, des „béton brut", steht Le Corbusier's
1947–52 erbaute „Unité d'habitation" in Marseille

Das Stahlbetongerippe ist nur noch an den stützen-
losen Fensterbänder zu erahnen. Mit dem Stahlbeton war den Architekten der Moderne ein Baumaterial an die Hand gegeben, dass ihre Ideen beflügelte,
doch bildeten die Bauten mit Oberflächen aus unbe-
handeltem Sichtbeton in den 20er und 30er Jahren,
die nicht in die Kategorie „Ingenieurbauten" fallen,
noch immer eine Ausnahme. Erst in der Nachkriegszeit entwickelte sich eine Materialästhetik, die den
rohen, schalungsrauen Beton zum ästhetischen Ziel
erhob.

5   Le Corbusier

Am Beginn dieser neuen Wertschätzung stand Le Corbusier's 1947-52 erbaute „Unité d'habitation" in Marseille (Abbildung 10), eine Wohneinheit mit 337 Wohnungen [10]. Zu Beginn der 50er Jahre gab es in Europa kein zweites Bauwerk, das einen derartigen Einfluss auf die Phantasie der jüngeren Architekten ausübte. Die „Unité d'habitation" war damals das größte im Bau befindliche Einzelbauwerk von Bedeutung und der erste echte Nachkriegsbau, dessen architektonische Neuerungen sich klar von der Architektur der „Klassischen Moderne" unterschieden.

Le Corbusier erfand den Beton neu, indem er seine Ungeschliffenheit und die Abdrücke der hölzernen Schalungen ästhetisierte, um *„eine architektonische Fläche von rauer Erhabenheit zu schaffen",* die er mit den gealterten Oberflächen der antiken Tempel verglich (Abbildung 11).

Abb. 11: Le Corbusier neben dem in die Betonwand eingelassenen „Modulor". Marseille 1952. Foto von Lucien Hervé.

In seiner Ansprache zur Übergabe der Unité am 14. Oktober 1952, sagte er: *„Der Bau der Unité von Marseille hat der neuen Architektur die Gewißheit gebracht, daß armierter Beton, als Rohmaterial verwendet, ebensoviel Schönheit besitzt wie Stein, Holz und Backstein. Diese Erfahrung ist äußerst wichtig. Es erscheint nunmehr möglich, den Beton wie Stein in seinem Rohzustand zu zeigen. ...*
Auf dem rohen Beton sieht man die kleinsten Zufälligkeiten der Schalung: die Fugen der Bretter, die

Holzfibern, die Astansätze usw. Nun gut, diese Dinge sind herrlich anzusehen. Sie sind interessant zu beobachten und bereichern die, die ein wenig Phantasie haben" [11].

Mit diesem Bau begann eine neue Ära des Bauens mit Sichtbeton. Der „béton brut" wurde zum Markenzeichen des „Neuen Brutalismus", einer Architekturströmung, deren Ansatzpunkte Begriffe wie Wahrheit, Objektivität, Ablesbarkeit, Material- und Konstruktionsgerechtigkeit waren [12]. Der rohe Beton hielt Einzug in die Städte und mit den neuen Bauten veränderte sich der Maßstab in den historischen Stadtquartieren. Ohne Rücksicht zu nehmen auf die historische Umgebung entstanden Hochhäuser und Verkehrsbauten, entstand die „Unwirtlichkeit unserer Städte" – so der Titel eines Buches von Alexander Mitscherlich (1965). Das Ergebnis einer verfehlte Stadtplanung war mit der Grund dafür, dass Beton mit der Zerstörung der Umwelt gleichgesetzt wurde. Heute, nach 30 Jahren, sind diese Ortbetonbauten zu einem Problemfall der Bauunterhaltung geworden. Die Ursache für die fast überall gleichen Schadensbilder ist die schlampige Herstellung eines Baumaterials, dessen Verarbeitung einfach und unkompliziert erscheint, doch von der Zusammensetzung, Verarbeitung und Nachbehandlung erhebliche Ansprüche an die Bauarbeiter stellt.

Betrachtet man heute die Sichtbetonbauten der 50er und 60er Jahre, z. B. die nach dem Vorbild von Marseille 1956-58 erbaute „Unité d'habitation" in Berlin von Le Corbusier, so sind die schadhaften Betonoberflächen seit einigen Jahren unter Spachtel und Kunstharzfarbe verschwunden und nichts ist mehr geblieben von der *„Erhabenheit des schalungsrauen Betons".* Statt patinierter Oberflächen findet man triviale graue Glanzschichten, die sich nur noch als Fläche für Grafittis eignen.

6   Sichtbeton - heute

Doch Sichtbeton ist ein Baumaterial, das den Wünschen der Architekten nach einem betont einfachen Aussehen entgegenkommt. Während im Norden die Schäden an den Stahlbetonbauten der Nachkriegszeit immer deutlicher wurden, führten die Architekten der Tessiner Schule vor, dass es möglich ist, Betonfassaden von höchste Qualität herzustellen. Ein Beispiel dafür ist das Haus des Bürgermeisters Guidotti von Monte Carasso (Abbildung 12), 1984 von Luigi Snozzi (geb. 1932) entworfen [13].

Dass Sichtbeton nicht grau sein muss, sondern auch coloriert werden kann, zeigen die lasierend gestrichene Wände der Werksanlage der Firma Braun in Melsungen, 1987-92 von James Stirling entworfen. Sie haben viele Nachfolger gefunden. Farbige Betonoberflächen sind heute keine Seltenheit mehr.

Abb. 12: Sichtbetonfassade 1984: Casa Guidotti in Monte Carasso/Tessin von Luigi Snozzi (1984)

Abb. 13: Sichtbetonfassade 2000: Geschliffene und polierte Fassadenoberfläche des Kunstmuseum Liechtenstein (1998–2000) von Morger, Degelo und Kerenz (Basel/Zürich).

Dass man Beton nicht nur anstreichen, sondern ihn auch wie Terrazzo herstellen kann, zeigt die Fassade des 1998-2000 erbauten Kunstmuseum in Vaduz, unterhalb der Liechtensteiner Burg, von den Architekten Morger und Degelo. Die ungewöhnliche Fassade aus schwarzem, fugenlosen, geschliffenen Sichtbeton, wurde mit einem ungewöhnlichen Aufwand erstellt: 10 Arbeiter schliffen 5 Monate mit der Handschleifmaschine 5 bis 7 mm der Oberfläche ab, um das gewünschte Ergebnis zu erreichen (Abbildung 13). Die spiegelglatte Oberfläche wurde abschließend imprägniert, um Glanz und Haltbarkeit zu erhalten [14].

7   Zusammenfassung

Beton ist ein wunderbares Material, das aber wie alle Baumaterialien auch altert. Die jungfräuliche Schönheit der von der Schalung befreiten Oberflächen bleibt auf die Dauer nicht erhalten. Treten Schäden auf, besteht das Problem darin, eine Instandsetzungsmethode zu finden, die die gestalteten Oberflächen nicht soweit trivialisiert, dass der Entwurfsgedanke verloren geht. Dass dies mit Schwierigkeiten verbunden, doch nicht unlösbar ist, zeigen die noch immer viel zu wenigen gelungenen Beispiele.

8   Literatur

[1]   Emperger, Fritz von (Hrsg.) Handbuch für Eisenbetonbau, Bd. 1-12 einschl. 2 Ergänzungsbänden. Berlin: W. Ernst & Sohn 1907,

[2]   1912 (2. Aufl.) 1921 (3. Aufl.)Mecenseffy, E. von, Die künstlerische Gestaltung der Eisenbetonbauten. Erster Ergänzungsband des Handbuches für Eisenbetonbau. Berlin: Ernst & Sohn, 1911

[3]   Nerdinger, W., Theodor Fischer, Architekt und Städtebauer 1862-1939. Berlin: Ernst & Sohn, 1988

[4]   Das System Monier (Eisengerippe mit Cementumhüllung) in seiner Anwendung auf das gesammte Bauwesen. Unter Mitwirkung namhafter Architekten und Ingenieure herausgegeben von G. A. Wayss, Ingenieur, Inhaber des Patents »Monier«. Berlin/Wien 1887

[5]   Aus diesem Grund gibt es auch keinen der großen „Glaspaläste" des 19. Jahrhunderts mehr. Sie sind alle abgebrannt.

[6]   Delhumeau, G. L'invention du béton armé. Hennebique 1890-1914. Paris: Edition Norma, 1999

[7]   Das Haus ist erhalten und man kann die weit auskragenden Balkone und den hoch aufragenden Wasserturm noch bewundern.

[8]   Institut Français d'Architecture (Hrsg.), Les frères Perret. L'oevre complète. Paris, Edition Norma: 2000

[8]   Vischer, J.; L. Hilberseimer, Beton als Gestalter. Bauten in Eisenbeton und ihre architektonische Ausgestaltung. (= Die Baubücher, Band 5). Stuttgart: J. Hoffmann Verlag, 1928

[9]   Roth, A., Zwei Wohnhäuser von Le Corbusier und Pierre Jeanneret. 5 Punkte zu einer neuen Architektur von Le Corbusier und Pierre Jeanneret. Stuttgart 1927, Nachdruck Stuttgart 1977, 1991.

[10] Boesiger, W. (Hrsg.), Le Corbusier, Oevre complète, Vol. 5 (1946–52), Zürich 1953, 189 - 223. Der Plan Le Corbusiers für den Wiederaufbau Marseilles sah 8 derartige Einheit für insgesamt 20.000 Bewohner vor.

[11] Wie Anmerkung 10, S. 192

[12] Banham, R., Brutalismus in der Architektur. Stuttgart/Bern: Karl Krämer Verlag, 1966

[13] Disch, P., Luigi Snozzi. Buildings and Projects 1958-1993. Lugano 1994

[14] Morger, Degelo, Kerez, Architecture. Kunstmuseum Liechtenstein. Lars Müller Verlag, 2001

9   Abbildungsnachweis

1)   Handbuch für Eisenbetonbau. Ergänzungsband I, Berlin 1911, S. 38

2)   W. Nerdinger, Theodor Fischer, München1988, S. 107

3)   G. Delhumeau, L'invention du béton armé. Paris 1999, S. 215

4)   Handbuch für Eisenbetonbau. Band IX. Bastine/Elwitz/Heim, Hochbau I. Teil (2. Auflage) Berlin 1913, 353

5)   Institut Français d'Architecture (Hrsg.), Les frères Perret. L'oevre complète. Paris, Edition Norma: 2000, S. 90

6)   Institut Français d'Architecture (Hrsg.), Les frères Perret. L'oevre complète. Paris, Edition Norma: 2000, S. 124

7)   Institut Français d'Architecture (Hrsg.), Les frères Perret. L'oevre complète. Paris, Edition Norma: 2000, S. 261

8)   H. und B. Rasch, Wie bauen? Materialien und Konstruktionen für industrielle Produktion. Stuttgart 1928, 113

9)   A. Roth, Zwei Wohnhäuser von Le Corbusier und Pierre Jeanneret durch Alfred Roth. Stuttgart 1927, Nachdruck 1977, 1991, S. 12

10)   Boesiger, Willy (Hrsg.), Le Corbusier, Oevre complète, Vol. 5 (1946–1952), Zürich 1953, 197

11)   Boesiger, Willy (Hrsg.), Le Corbusier 1910-65, Sonderausgabe Zürich 1967, 310

12, 13) Foto H. Schmidt

„Hoffentlich ist es Beton!" – Kulturdenkmale in Baden-Württemberg

Clemens Kieser

Zusammenfassung

Für Denkmalpfleger stellt der Baustoff eine bedeutende wissenschaftliche und konservatorische Aufgabe dar: Denkmale aus Beton werden ausgewiesen und sachgerecht repariert. Innovationen der Bau- und Technikgeschichte können entscheidender Grund einer Unterschutzstellung sein. Aber auch baukünstlerische, allgemein künstlerische und historische Argumente können für eine Kulturdenkmaleigenschaft sprechen. In diesem Essay werden Kulturdenkmale vorgestellt, die den Aspekt Beton unter dem Blickwinkel des zeitgenössischen Denkmalbegriffs illustrieren sollen.

1 Grundlagen

Selten nur können Argumentationen, die ein Kulturdenkmal zu einem Kulturdenkmal werden lassen, säuberlich voneinander geschieden werden. Oft bedingen oder ergänzen sie sich gegenseitig. Die Gesetzgeber der Bundesländer haben in den Denkmalschutzgesetzen dieser Einsicht durchweg Rechung getragen. In Baden-Württemberg, hier trat das Gesetz 1971 in Kraft, können künstlerische, wissenschaftliche und heimatgeschichtliche Gründe zur Ausweisung eines Kulturdenkmals führen [1].

Die gesellschaftlich unruhigen 1960er Jahre, die in der Studentenrevolte von 1968 gipfelten, führten zu dem Bewusstseinswandel, dass grundsätzlich nicht nur „Paläste" sondern auch „Hütten" als Objekte der Denkmalpflege in Betracht kommen. Die mit dieser Auffassung einher gehende Erweiterung des Denkmalbegriffs führte dazu, dass Leistungen der Ingenieurstechnik und Industriebauten ebenfalls unter Schutz gestellt und „proletarische" Gegenstände neben das Kunstschöne treten konnten. Neben Ästhetik und Wissenschaft trat das Gesellschaftliche. Diese Denkweise ist für die Denkmalpflege bis heute gültig. Es klingt paradox: der Denkmalbegriff ist leer und muss mit Anschauung gefüllt werden.

Für die Universalität des modernen konservatorischen Denkens ist bezeichnend, dass ihre Prämissen auch von den ihre eigene Geschichte reflektierenden Ingenieurswissenschaften geteilt werden können. In seiner Dissertation beleuchtete beispielsweise Bernhard Dartsch die Geschichte der Betonbauweise gleichzeitig unter verschiedenen Gesichtspunkten: der technischen Innovation, der künstlerischen Gestaltungsmöglichkeiten und ihrer Bedeutung im sozialen Umfeld [2].

Trotz aller humanistischen Offenheit der Denkmalschutzgesetze zeichnet sich in den gegenwärtig finanziell und ideell angespannten Zeiten deutlich ab, dass diese kulturelle Errungenschaft auch revidierbar ist. Auf dem Weg zu weniger Staat zahlt auch die Denkmalpflege ihren Preis, der lautet: Weniger Denkmalpfleger, weniger Denkmale ausweisen und erhalten. Wenn unbedingt nötig, so scheint die Denkbewegung, dann tunlichst beschränkt auf mittelalterliche Stadtkulissen, Gärten und Schlösser.

Im Folgenden wird eine Reihe von Kulturdenkmalen vorgestellt, bei deren Errichtung der Einsatz von Beton eine wichtige Rolle spielte. Die Tatsache, dass bei der Erstellung dieser Bau- und Kunstwerke Beton in Anwendung fand, ist natürlich selten alleiniger Grund einer Ausweisung als Kulturdenkmal gewesen. Ihre Einordnung in den folgenden Kapiteln gehorcht vielmehr den wesentlichen, dem Denkmalschutzgesetz von Baden-Württemberg geschuldeten Aspekten der Objekte. Wir beginnen einmal nicht mit der genialen Jahrhunderthalle in Breslau (Max Berg, 1912/13) mit ihrer phantastischen Rippenkonstruktion beginnen, wie es sonst üblich ist, wenn von Betonarchitektur die Rede ist [4].

Abb. 1: Zur Überschrift des Aufsatzes: „Hoffentlich ist es Beton", Anzeigenkampagne 1993

Folgen möchte ich vielmehr dem populär gewordenen Imperativ des Historikers: „Grabe, wo du stehst". Eine Maxime, die auch für mich als inventarisierenden Denkmalpfleger gültig ist, denn der Autor steht tatsächlich mit beiden Beinen in Diensten des Landes Baden-Württemberg. Deshalb werden hier ausschließlich Beispiele aus Baden-Württemberg gezeigt. Alle diese Kulturdenkmale werden sowohl als Symptom und Ursache technologischer Entwicklungslinien gesehen, aber auch als Kunstwerke der Architektur, der Bildenden Kunst oder des Ingenieurbaus. Parallel dazu handelt es sich oftmals um symbolkräftige Geschichtsdenkmale. Ihre unvollständige Auswahl und knappe Vorstellung möchte den Blick auf wichtige Objekte, Gattungen und Kriterien lenken, die oftmals direkt vor unseren Augen stehen, auch um die Denkweise des „entdeckenden" Denkmalpflegers zu veranschaulichen.

2 Architektur: Kunst & Wissenschaft

Nachdem anerkannte Architekten der Moderne den Baustoff Beton in ihre Planungen integriert hatten, hier seien vor allem Frank Lloyd Wright und Le Corbusier hervorgehoben, konnte sich der Baustoff Beton zunehmend vom Makel des rein Technischen befreien. Doch diese Entwicklung verlief zögerlich. Selbst Walter Gropius hatte in der Lehre am Bauhaus dem Umgang mit dem künstlichen Stein zunächst noch keinen eigenen Platz eingeräumt.

Ein bedeutendes und frühes Beispiel des architekturkünstlerischen Umgangs mit Beton ist die evangelische Garnisonskirche in Ulm. 1906-10 durch den bedeutenden Stuttgarter Architekturlehrer Theodor Fischer verwirklicht, handelt es sich hier um den ersten in offen gezeigter Eisenbetonkonstruktion errichteten Kirchenbau Deutschlands. Der 2000 Personen fassende Saal mit kastenförmigem Querschnitt wirkt durch seine kolossale Binderkonstruktion roh und gewaltig, was zur Entstehungszeit zu heftigen Kontroversen geführt hatte und dem Architekten sogar eine Schmähung als „Gotteslästerer" einbrachte [3, 7].

Abb. 2: Ulm, Garnisonskirche

Ausschließlich aus seiner Funktion heraus entwickelte das Hochbauamt Stuttgart das Stadtbad im Ortsteil Heslach, das bei seiner Eröffnung 1929 das modernste und größte Bad Deutschlands war. Neun parabelförmige Stahlbeton-Bögen tragen ein treppenförmig abgestuftes Dach mit horizontalen Lichtbändern. Die Formgebung der Dachkonstruktion dominiert die Halle im Inneren wie im Äußeren und

war damals sensationell und von bestechender Innovation [3, 5, 7].

Ein besonderer Vorteil der Betonbauweise ist ihre Freiheit der Formgebung, bald wurde verstanden, dass sich Detailbildungen aber auch ganze Gebäude skulptural begreifen ließen. Zunächst sei jedoch erwähnt, dass die für den Fortgang der modernen Architekturgeschichte wichtigen Projekte zunächst Stahlbauten waren, wie z. B. die Werksgebäude der Firma Steiff in Giengen an der Brenz oder das Faguswerk des Walter Gropius in Alfeld.

Abb. 3: Stuttgart, Stadtbad in Heslach

Ein hervorragender Bau und ganz auf der Höhe der Zeit ist der 1929-1931 errichtete Tribünenbau des Karlsruher Hochschulstadions. Der Architekt Hermann Alker versah das Gebäude mit einer 11 m frei auskragenden Stahlbetondecke, die von Bindern getragen wird und mit den Treppen eine konstruktive Einheit bildet.

Abb. 4: Karlsruhe, Tribüne des Hochschulstadions

Technologisch interessant ist hier der Einsatz von Waschbeton, der sich erst Anfang der 1960er Jahre vollends durchsetzen sollte. Alker experimentierte also sehr früh mit den technischen und gestalterischen Möglichkeiten des Waschbetons und spülte die Oberflächen angeblich mit badischem Rotwein aus [3, 5, 7].

Lange versäumten es die Architekten jedoch, so der Vorwurf der Architekturhistoriker, das „betontypische" des Werkstoffes in ihren Arbeiten herauszustellen. Beton wurde schamhaft verhüllt, d. h. verputzt oder mit Natursteinen verblendet. Hier spielte Le Corbusiers einflussreiche Auffassung vom „béton brut" bald eine wichtige Rolle, die die Materialität des gegossenen Steins nun ausdrücklich zur Schau stellen wollte. Eine frühe Besonderheit bildet der Rathausturm des Kornwestheimer Rathauses, 1933-35 von Paul Bonatz und Friedrich Scholer. In kühner Wucht zeigten die Architekten das unverkleidete Betonskelett und kombinierten im Turm, er diente als Wasserturm und Verwaltungsgebäude, traditionelle Formen von Backstein mit aus dem Industriebau stammenden Bautechniken [3].

Abb. 5: Kornwestheim, Rathausturm

In der Architekturszene machte Le Corbusier nach dem 2. Weltkrieg mit seiner „Unité d'Habitation" in Marseille (1947-49) Furore. Das Gebäude brachte nunmehr den Durchbruch zum „Betontypischen" im architektonischen Umgang mit dem Werkstoff. Dass seine Auffassungen in der jungen Bundesrepublik ebenfalls auf fruchtbaren Boden stießen, sei am Beispiel eines Hochhauses in Baden-Baden gezeigt.

Der Baden-Badener Hochhauskomplex wurde 1954 nach Plänen von Karl Kohlbecker und Karlsiegfried Keppeler als Verwaltungsgebäude des deutschen Hauptquartiers der französischen Streitkräfte errichtet. Anstelle der für das Bürohochhaus ursprünglich vorgesehenen Stahlbetonbauweise entschied man sich für einen Stahlskelettbau, der am

Bürotrakt mit vorfabrizierten Wandelementen aus Glas, Stahl und Leichtmetallrahmen verkleidet wurde.

Abb. 6: Marseille, „Unité d'habitation"

Der verglaste Gebäudeteil ruht in frei stehenden Stahlbetonpfeilern und kann von Fußgängern und Kraftfahrzeugen unterquert werden. Diese bauliche Lösung war wenige Jahre vorher mit dem Wohngebäude „L'Unité d'Habitation" in Marseille eingeführt worden. Neben dem Stahlgerüst, dem die schweren Schuhe aus Beton Halt geben, ist an diesem Bau bemerkenswert, dass es sich um das erste Hochhaus in der Bundesrepublik mit einer Glasvorhangfassade handelt [8].

Abb. 7: Baden-Baden, Hochhaus in Oos

Reinhard Gieselmann hat den Werkstoff Beton in sehr freier künstlerischer und skulpturaler Weise

eingesetzt. Sein Altersheim in der Karlsruher Stephanienstraße bekennt sich entschieden zu seiner Materialität und nutzt sie zur Gestaltung. Bauten dieser Epoche, die rohe Betonmassen ungeniert nebeneinander oder gegen andere Werkstoffe setzten, werden in den Architekturgeschichten des 20. Jahrhunderts allgemein unter den Begriff „Brutalismus" gefasst [4].

Abb. 8: Karlsruhe, Stephanienstraße, Altersheim

Das 1966-1967 entstandene Altenheim des Deutschen Roten Kreuzes strebt nach Schwere und Körperlichkeit, aber auch nach lebhafter Oberflächengestaltung und monumentalem Relief. Die Architektur geht über das oft als Masche verstandene Gestaltkalkül der rau belassenen Oberfläche weit hinaus und erreicht eine außergewöhnliche, höchst eigenständige Ausdruckskraft.

Künftige Kulturdenkmale aus Beton als wichtige Dokumente der internationalen Architekturgeschichte werden mit einiger Wahrscheinlichkeit die Gebäude der Vitra-Werksanlagen in Weil am Rhein sein. Frank Gehry vollendete hier 1989 ein räumlich vertracktes Museum, das wie eine begehbaren Großplastik anmutet. Es ist weiß verputzt und mit Titanblech gedeckt. Der verschachtelte Baukörper wird durch tief geschnittene Oberlichtschächte erhellte. Auch hier handelt es sich um einen Stahlbetonbau. In der Planung bediente sich Gehry innovativer dreidimensionaler Planungs- und Formungsmethoden, die bis dahin vornehmlich in der Autoindustrie Anwendung fanden.

Abb. 9: Weil am Rhein, Museum

Ein künftiges Denkmal ist auch das expressive Feuerwehrhaus, 1993 von der Architektin Zaha Hadid errichtet wurde und heute als Stuhlmuseum dient. Die prominente Gebäudegalerie aus Beton rundet das Vitra-Kongresszentrum ab, das 1993 fertig gestellt wurde. Entlang einer Betonwand erschließt der japanische Architekt Tadao Ando das Gebäude durch einen schmalen Zugang. Innen- und Außenwände der sich um einen abgesenkten Innenhof gruppierenden Räume wurden aus handwerklich exakt ausgeführtem, sehr feinem Sichtbeton gebildet, wobei die Schaltafelgröße einer japanischen Tatami-Matte entsprach (91 x 182 cm). Der Eindruck von Introvertiertheit, schaurig-schöner Kargheit und vornehmer Askese trägt deutliche Züge der japanischen Ästhetik.

3 Ingenieurbaukunst

Geradezu glückhaft ist der Moment, wenn sich Architektur und Ingenieurskunst auf das innigste verbinden. So geschehen bei der Errichtung der Schwarzwaldhalle am Karlsruher Festplatz. In den Jahren 1953-54 erstellten Erich Schelling und Ulrich Finsterwalder ihre weltbekannte Hängedachkonstruktion, die hier in Deutschland erstmals in größerer Weise zum Einsatz kam. Die 36 Stahlbeton-Außenstützen des 73 m langen und 48 m breiten Saalbaus tragen einen als Randgesims ausgebildeten Druckring, der die Zugkräfte des zweiachsig gekrümmten Hängedachs aus vorgespanntem Stahlbeton aufnimmt. Die Schalendicke beträgt lediglich 6 cm, mit Ausnahme weniger Felder sind die Zwischenräume voll verglast [4, 5, 6, 7].

Die Schwarzwaldhalle zeigt in der unmittelbaren Zusammenwirkung von Architekt und Bauingenieur, dass keineswegs nur der Architekt ein Baukünstler im traditionellen Sinne sein kann. Eine der markantesten Entwicklungen des 20. Jahrhunderts ist die Emanzipation des Ingenieurs und seiner gebauten Konstruktionen. Als genialer Schöpfer und Autor trat der Ingenieur zunehmend selbstbewusster neben seine Werke.

Abb. 10: Karlsruhe, Schwarzwaldhalle, im Bau

Eine ausgezeichnete und dabei sehr aktuelle Übersicht zu den Ingenieurbauten in Baden-Württemberg bietet der ausgezeichnete Führer von Jörg Schlaich und Mathias Schüller [7]. Das in Sachkapitel gegliederte Buch nennt hervorragende Beispiele des Brückenbaus, des Tunnel- und Bergbaus, Hallen und Dächer, zeigt Bauten des Wasserbaus und nimmt sehr folgerichtig auch historische Fachwerkbauten in seinen Olymp auf. Viele der hier herausgestellten Artefakte gelten bereits als Kulturdenkmale oder besitzen die Qualitäten künftiger Denkmale.

Bedeutendes Zeugnis der Industriearchäologie und der Betontechnologie ist das Aquädukt im Murgtal. Der elegante Bau mit einer Spannweite von 40 m wurde 1885 nach Planungen des Ingenieurs Karl von Müller aus Freiburg durch die Firma Thormann und Schneller aus Augsburg ausgeführt. Es handelt sich um eine der ersten Stampfbeton-Brücken in Deutschland und erhielt seinerzeit große öffentliche Aufmerksamkeit. Der unbewehrte Beton wurde in keilförmigen, nach den Regeln des Fugenschnitts geformten Blöcken zwischen Querschotten in Lagen parallel zur Bogenlaibung eingebracht. Anschließend wurden die Fugen ausbetoniert. Zum Bau wurde ein Leergerüst verwendet. Die Bogenzwickel sind in Gewölbe aufgelöst, wodurch das Gebäude formal in die Nähe römischer Aquäduktbauten rückt. Einst führte die Brücke der nahen Papierfabrik Wasser zu, mit dem heute ein modernes Kraftwerk betrieben wird [5, 6, 7, 8].

Ganz in der Nähe befindet sich eines der wichtigsten frühen Wasserkraftwerke des Landes, das Rudolf-Fettweis-Werk der Badenwerk AG. In zwei Bauabschnitten wurden das Murgstollenwerk (1914-18) und das Raumünzachwerk (1922-26) zu einem komplexen, wasserbautechnisch ausgeklügelten Gesamtgefüge verbunden. Es besitzt mehrere Staubecken, die über Stollen und Fallrohre verbunden sind und kann dadurch die unterschiedlichen Wasserressourcen optimal nutzen.

Abb. 11: Forbach, Aquädukt

Neben der technischen Meisterleistung verdient die architektonische Gestaltung nach Entwürfen des Karlsruher Bauinspektors Wielandt besondere Beachtung. Ihm gelang es, „sachliche Ausdrucksformen für den technischen und geistigen Inhalt unter Wahrung gewisser Anklänge an eine bodenständige Bauweise und unter Rücksichtnahme auf die das Werk umgebende eigenartige und ernste Natur des Schwarzwaldes zu finden". (Deutsche Bauzeitschrift, 1 / 2, 1920) [5, 6, 7, 8].

Abb. 12: Forbach, Schwarzenbachtalsperre im Bau

Bedeutendster Teil der Anlage ist die 1922-26 errichtete Schwarzenbachtalsperre. Mit dem Bau der 60 m hohen und 380 m langen Staumauer waren zeitweise 2600 Arbeiter beschäftigt. Die gewaltige Talsperre wurde als Schwergewichtsmauer aus Gussbeton mit talseitiger Granitverkleidung errichtet. Bezeichnend ist auch hier, dass man den Aufwand nicht scheute, die nackte Betonoberfläche unter Mauerwerk zu verstecken. Dies galt übrigens auch für die Schleusen- und Wohnbauten der Anlagen.

Abb. 13: Forbach, Stauwerk

Wichtig zu erwähnen sind die Bauten der Neckarregulierung durch Paul Bonatz, die im Zuge der Schiffbarmachung des oberen Neckarlaufs erstellt werden mussten. Sie wurden 1926 begonnen und benötigen ein Jahrzehnt bis zu ihrer Fertigstellung. Die wassertechnischen Schleusenbauten und Staustufen erhielten von dem Architekten Bonatz eine künstlerische Überformung. Mit seiner sachlichen Formgebung, den Flachdächern, Sichtbetonoberflächen näherte sich der konservativ denkende Architekt den Grundsätzen des Neuen Bauens an. Auch hier sind Ästhetik und Technik bewusst miteinander vereint worden [5, 6, 7, 9].

Abb. 14: Neckargemünd, Staustufe

Als Ingenieurbau wurde 1909/10 in Tübingen eine Eisenbahnbrücke über den Neckar erstellt. Nach dem Entwurf der Eisenbahnverwaltung entstand das Bauwerk in Stahlbetonbauweise nach Bauplänen des Ingenieurs Charles Fatio unter der Oberaufsicht unter der Oberaufsicht von Emil Mörsch, der damals technischer Direktor der Firma Wayss & Freytag war und wesentliche Grundlagen für die statische Berechnung derartiger Konstruktionen gelegt hatte. Die gestalterische Bearbeitung des Projektes besorgte der Architekt Martin Elsässer. Die Brücke führt in zwei flachen Bögen von 34 m über die beiden Flussarme. Sparsame, dem Klassizismus entlehnte Schmuckelemente wie der Obelisk über dem Mittelpfeiler zeigen, dass man auf eine künstlerische Überhöhung des neuen Baumaterials Beton nicht

verzichten wollte. Nach den Verlusten der Kriegs- und Nachkriegszeit kommt der Tübinger Brücke als seltenes Beispiel des frühen Stahlbetonbrückenbaus eine besondere Bedeutung zu [5, 7].

Abb. 15: Tübingen, Eisenbahnbrücke

Als beachtliches Beispiel der Fortentwicklung des Brückenbaus gilt die Gänstorbrücke, die die Donau zwischen Ulm und Neu Ulm mit einem flachen, 82,4 m weiten Bogen überspannt. Die vorgespannte Konstruktion erlaubte es, die Höhenmaße gering zu halten und damit die Brücke optisch leicht erscheinen zu lassen. Ulrich Finsterwalder entwickelte hier das System in Spannbetonweise als gelenklose Balkenbrücke, die 1950 die erste ihrer Art in Deutschland war und in der Welt der Experten für Furore sorgte [5, 7].

Abb. 16: Ulm, Gänstorbrücke

Geradezu ein Fanal des internationalen Ingenieurbaus ist der 1953-56 vollendete Fernsehturm in Stuttgart-Degerloch. Fritz Leonhardt und Erwin Heinle errichteten hier den ersten Stahlbeton-Fernsehturm, der weltweit als Prototyp für viele hundert Nachfolgebauten dienen sollte. Die stattliche Betonnadel erhebt sich über einem Kugelschalen-Ringfundament von 27 m Durchmesser, mit einem etwa 150 m hohen, sich von knapp 11 m auf 5 m verjüngendend Schaft [2-7].

Von überraschend geringer Tiefe und Mächtigkeit ist das Fundament, dessen Statik jedoch auf genauen Berechungen der Bauingenieure beruht. Der aluminiumverkleidete Kopfbau des Turms nimmt ein Technikgeschoss, eine Küchenetage und zwei Restaurantebenen sowie zwei Aussichtsplattformen auf. Die Stahlgitterantenne erreicht eine Höhe von 217 m.

Abb. 17: Stuttgart-Degerloch, Fernsehturm

4 Bildende Kunst

Die enormen Möglichkeiten des Betons waren frühzeitig auch von den bildenden Künstlern entdeckt worden. Hier liegt den Tagungsteilnehmern ein Karlsruher Beispiel nahe. Vor dem Erbgroßherzoglichen Palais, heute Sitz des Bundesgerichtshofes, steht der Galatea-Brunnen. Die antikisierende Figurengruppe wurde durch den Bildhauer Friedrich Moest entworfen und 1871/72 im Auftrag der Stadt Karlsruhe von der Zementwarenfabrik Dyckerhoff & Widmann hergestellt.

Bis 1954 stand die Brunnenfigur noch im „Sallenwäldchen", das später im Stadtpark aufgegangen ist. Ungewöhnlich war, dass man mit der Herstellung der Plastik nicht den Künstler, sondern die in der Stadt ansässige Zementfirma beauftragte. Dabei ist nicht zu klären, ob die Firma die Galatea-Gruppe im Katalog hatte, oder ob diese durch den Künstler eigens angefertigt wurde, der bei der Zementfirma unter Vertrag stand. Im Kaufpreis von 2500 Gulden waren die Herstellung des Beckens und die Aufstellung des Kunstwerks inbegriffen. Technisch galt die Figurengruppe als Sensation, zeigte sie doch die Möglichkeiten, die der erst seit wenigen Jahren bekannte Zementguss auch für Kunstwerke eröffnete. Dank der Reproduzierbarkeit blieb der „Triumph der Galatea" kein Einzelstück und wurde von der Firma auf mehreren Ausstellungen präsentiert. Der Fabrikant Eugen Dyckerhoff schenkte ein Exemplar seiner Heimatstadt Biebrich, einem Stadtteil von Wiesbaden, wo es heute noch zu bewundern ist [10].

Abb. 18: Karlsruhe, Galatea-Brunnen

An der Autobahnraststätte Baden-Baden wurde 1976-78 nach Plänen des Architekten Friedrich Zwingmann aus Karlsruhe die Autobahnkirche St. Christophorus errichtet. Die künstlerische Gestaltung der Anlage besorgte Emil Wachter aus Karlsruhe. In der Mitte einer Wegkreuzung, deren Endpunkte exotisch anmutende Bildstelen aus Beton markieren, steht eine zeltähnliche Pyramide mit Treppenaufgängen zu den Hauptachsen.

Abb. 19: Baden-Baden, Autobahnkirche

Die Stelen unter freiem Himmel und die Kryptawände der Kirche sind mit einem großartigen Bildteppich symbolischer Zeichen und szenischer Bilder überzogen. Sehr ausdrucksstark ist die künstlerische Technik Wachters, der seine Reliefs in handelsüblichem Styropor erarbeitete. Die Struktur des bearbeiteten Kunststoffs aus winzigen Kügelchen ist an der Oberfläche der Betonreliefs zu erkennen und trägt zu deren sinnlichem Reiz bei. Bildstrategie ist hier, auch durch die Sichtbarkeit der diesseitigen Mittel beför-

17

dert, einen anregenden Kontrast zur gleichzeitig betonten Mystik des kirchlichen Areals zu erzeugen [8].

5 Lebendige Geschichte

Heimatgeschichte ist nach dem Denkmalschutzgesetz ebenfalls ein Kriterium von Kulturdenkmalen. An Objekten mit diesen Eigenschaften sollen geschichtliche Entwicklungen anschaulich werden, auch können sie einst Schauplatz historischer Ereignisse gewesen sein. Sie sollen insgesamt einen im Bewusstsein der Bevölkerung vorhandenen Bezug zu bestimmten politischen, kulturellen oder sozialen Verhältnissen ihrer Zeit herstellen.

Im Karlsruher Ortsteil Daxlanden befindet sich ein Luftschutzbunker, der 1942-43 nach Plänen des Stadtbaurats Paul Brömme erstellt wurde. Es ist ein monumentaler Bau aus meterdicken Wänden und Decken aus Stahlbeton, der einst 400 Menschen Schutz bot. Besonders bezeichnend ist das Bestreben des Architekten, die eigentliche Funktion des Gebäudes künstlerisch zu kaschieren.

Da fällt zunächst das lediglich schmückende Ziegeldach auf, anderseits zeigt sich aber die sichtbar belassene Betonoberfläche mit den schießschartenartigen Fenstern. Bemerkenswert ist ferner die historisierende Schminke des Bunkers, der sich als oberitalienisches Kastell verkleidet hat. Er feiert sich als heroischen Wehrbau mit umlaufendem Konsolgesims als oberem Abschluss und wehrturmartiger Überhöhung des östlichen Baukörpers. Über dem Haupteingang schwebt martialisch der Reichsadler, ein Schwert in den Fängen. Dem Wappentier wurde von den Besatzungstruppen 1945 der Kopf heruntergeschossen. Auch dies ist ein augenfälliger Kristallisationspunkt von Erinnerung. Es ist genau diese Ablesbarkeit, die die Rechtsprechung für Denkmale der Heimatgeschichte fordert.

Ein weiteres Mahnmal des Nationalsozialismus befindet sich am nahen Karlsruher Rheinufer, ebenfalls auf Daxlandener Gemarkung. Der Westwallbunker wurde 1938/39 als Regelbau 20 unter Anleitung der „Organisation Todt" durch lokale Arbeiter und Baufirmen erstellt. Dieser Regelbau wurde insgesamt in 591 baugleichen Ausführungen erstellt. Erhalten haben sich nach neueren Erkenntnissen nur noch acht Exemplare. Nach Ende des 2. Weltkrieges wurde der Bunker durch Besatzungsstreitkräfte gesprengt. Der "Westwall" (auch "Siegfriedlinie" genannt) war eine 630 km lange Grenzbefestigung im Westen Deutschlands und reichte von Kleve am Niederrhein bis Basel an der Schweizer Grenze. Die Anlagen wurden von 1937 bis 1940 als offizielles Gegenstück zur französischen Maginot-Linie errichtet.

Ganz offenkundig tritt die denkmalpflegerische Problematik dieser Westwallbunker hervor. Im Untertitel seiner Veröffentlichung sprach ein Kollege sehr treffend vom „Denkmalwert des Unerfreulichen" [12]. Zum einen sind sie historische Zeitzeugnisse, die nur mit unverhältnismäßigem Aufwand zu konservieren sind und deshalb insgesamt als „Denkmale auf Zeit"

Abb. 20: Karlsruhe, Luftschutzbunker in Daxlanden

Abb. 21: Karlsruhe, Gesprengter Westwallbunker

gesehen werden müssen. Ein jüngerer Tagungsband überschrieb die martialischen Hervorbringungen der modernen Festungsbauer als „Erinnerungsorte aus Beton" [13]. Die Erinnerung an die Epoche des Nationalsozialismus ist wichtig, seine baulichen Denkmale sollten aber nicht zum Spielplatz von Kriegsromantikern oder reaktionär denkenden Gruppen werden. Trotzdem, gegen den heimlichen, mit der Denkmalpflege nicht abgesprochenen Abriss von Westwallanlagen, wie durch den Bund bereits vorgenommen, protestieren wir auf das Energischste.

6 Zeitgeist und Denkmalpflege

Seit 2000 Jahren gibt es also Beton, allerdings mit einer Unterbrechung von rund 1200 Jahren, den römischen Osten und seine Nachfolger natürlich ausgenommen. In Verruf kam der Beton erst zu Beginn der siebziger Jahre des 20. Jahrhunderts. Beton sei krebserregend, sogar radioaktiv und mache depressiv. Unsinnige Verwendung, Einfallslosigkeit und Geschäftemacherei haben in den 1970er und 80er Jahren eine Krise und die Verurteilung des Baustoffs bewirkt. In den siebziger Jahren entstanden riesige, mitunter bedrückende, aber teilweise auch durchaus gut geplante Trabantenstädte. Schlimme soziale Brennpunkte aus Beton sorgten jedoch dafür, dass ein Baustoff zum Synonym für planerische Einfallslosigkeit und psychische Zumutungen werden konnte. Alexander Mitscherlichs 1965 erschienenes Buch

„Die Unwirtlichkeit unserer Städte" muss in dieser Hinsicht als frühe und eindringlichste Formulierung des Zeitgeistes gelten. Was die Natur zurückdrängte, das war Beton. Als schlimmster Augenblick des Wohnungsbaus aus Beton muss vielleicht die Sprengung einer gigantischen Sozialbausiedlung am 15. Juli 1972 in St. Louis gelten. Der Nimbus von Ewigkeit und unerschütterlicher Zweckmäßigkeit, den der Baustoff bis dato besessen hatte, löste sich damals in Staub auf.

Die ideologisch aufgeladene und durch schlechte Bauten angeheizte Stimmung dieser Zeit ist heute abgeklungen. Architekten und Bauingenieure sind bemüht, Schandtaten der Vergangenheit nicht mehr zu wiederholen. Und ihre Kunden wissen zunehmend den hohen Variantenreichtum des Werkstoffes Beton im öffentlichen Raum zu schätzen. Selbst im privaten Raum, sogar in den sakrosankten bürgerlichen Wohnzimmern, sind offene Betonflächen auf dem Vormarsch, ja geradezu schick geworden. Wie man sich täuschen kann: Christoph Hackelsberger wollte noch 1988 „dem gestalthaften Beton in der Architektur wenig Zukunft" einräumen [13]. Diese Zeitdiagnose scheint uns heute so alt wie die Zeitung von gestern. Man kann feststellen, dass die in den sechziger Jahren begonnene Betonkrise in den achtziger Jahren abgeklungen ist [15]. Heute ist die handwerklich gut ausgeführte und ästhetisch stimmig eingesetzte Betonoberfläche für fast alle Bauaufgaben „hoffähig" geworden.

Zugegeben, die Trabantenstädte aus Beton dieser krisenhaften Jahrzehnte können auch heute nicht als „schön" im erbaulichen Sinne der Kunstgeschichte gesehen werden. Denkmalwürdig sind diese Hervorbringen inzwischen freilich schon, wenngleich es in unserem Bundesland noch keine Beispiele gibt. In der gerade erschienenen Handreichung zur Denkmalausweisung „Architektur und Städtebau der sechziger Jahre", fanden die Hochhauslandschaften der Hamburger „City Nord" und der Münchener Olympiapark mit ihren Wohnblock-Clustern beispielhaft Erwähnung [16].

Gebührender zeitlicher Abstand kann tatsächlich auch die Augen öffnen für Qualitäten, die von den ideologieverstellten Diskursen der sechziger und siebziger Jahre verdeckt worden waren. In den ästhetischen Debatten wurde versäumt, so wird aus heutiger Sicht deutlich, den aus der philosophischen Ästhetik schon lange bekannten Begriff des „Erhabenen" einzuführen. Insbesondere die Denker der Aufklärung des 18. Jahrhunderts stellten damals dem Kunstschönen das „Sublime", d. h. das Großartige und Atemberaubende, auch Schrecklich-Schöne zur Seite. „Erhaben ist", so schrieb Immanuel Kant, „was auch nur denken zu können ein Vermögen des Gemüts beweist, das jeden Maßstab der Sinne übertrifft" [17].

Es gibt nichts Neues, sagt das Sprichwort, nur das Vergessene. Und dennoch – obschon als moderne Zeitgenossen durchaus von dieser Welt – ist

die Auswahl von neuen Kulturdenkmalen durch Denkmalpfleger in ihren philosophischen Grundlagen noch immer historistisch im Sinne des späten 19. Jahrhunderts: jedes Denkmal wird durch Denkmalpfleger zunächst als in seinen Voraussetzungen individuell verstanden, denn wir möchten allen menschlichen Artefakten als historischen Quellen Gerechtigkeit widerfahren lassen.

Einer moralisierenden Deutung enthalten wir uns tapfer. Trotzdem möchten wir, und hier liegt der eigentliche Widerspruch unseres Tuns, immer daran glauben, dass man Geschichte nicht nur lernen kann, sondern auch etwas aus ihr lernen kann. Dieser nicht auflösbare ideelle Konflikt liegt in der Gesetzgebung begründet. Hier wurden nämlich unterschiedliche ästhetische Annahmen vereint, indem die Juristen künstlerische, wissenschaftliche und heimatgeschichtliche Schutzgründe für Kulturdenkmale einforderten, die damit unbewusst zwei idealtypische Wertphilosophien vermengt haben. Auf der einen Seite steht Hegel, der meinte, der Wert eines Kunstwerkes liege im Werk selbst begründet, in seinem Wesen und seiner Eigenart. Auf der anderen Seite befindet sich in polarem Gegensatz Kant, der den Wert des Kunstwerks in seiner Rezeption bei den Menschen zu finden glaubte. Das Aufspüren und Begründen von Denkmalen ist demnach ein zwischen beiden Polen juristisch-philosophisch oszillierendes, niemals zum Ende kommendes, auswählendes und deshalb wertendes Unterfangen. Es bietet in der täglichen Arbeit viele spannende Entdeckungen. Das Finden von Kulturdenkmalen ist der fortgesetzten Mühe wert, solange die Gesellschaft bereit ist, sich Kultur zu leisten, sie zu schätzen und sich an ihr zu erfreuen.

7 Literatur

[1] Strobl, H., Majocco, U., Sieche, H. (2001) Denkmalschutzgesetz für Baden-Württemberg. Kommentar mit ergänzenden Rechts- und Verwaltungsvorschriften. Stuttgart

[2] Dartsch, B. (1984) Jahrhundertbaustoff Stahlbeton: kritisches Protokoll einer Entwicklung. Düsseldorf

[3] Nerdinger, W., Tafel, C. (1996) Architekturführer Deutschland. 20. Jahrhundert. Basel, Berlin und Boston

[4] Joedicke, J. (1998) Architekturgeschichte des 20. Jahrhunderts. Von 1950 bis zur Gegenwart. Stuttgart und Zürich

[5] Krins, H., Goer, M., Schmidt, L., Hajdu, R. (1991) Brücke, Mühle und Fabrik. Technische Kulturdenkmale in Baden-Württemberg. Stuttgart

[6] Rödel, V. (1992) Reclams Führer zu den Denkmalen der Industrie und Technik in Deutschland. Band 1. Alte Länder. Stuttgart

[7] Schlaich, J., Schüller, M. (1999) IngenieurbauFührer. Berlin

[8] Kieser, C., Ohr, K.-F. u. a. (2002) Kunst- und Kulturdenkmale im Landkreis Rastatt und in Baden-Baden. Stuttgart

[9] De Maio, F. (1999) wasser_werke. Paul Bonatz: Die Neckarstaustufen. Stuttgart

[10] Stadt Karlsruhe, Stadtarchiv, Hrsg. (1987) Denkmäler, Brunnen und Freiplastiken in Karlsruhe (1715-1945). Karlsruhe

[11] Huse, N. (1997) Unbequeme Baudenkmale. München

[12] Gross, M. (1997) Der Westwall: vom Denkmalwert des Unerfreulichen. Führer zu den archäologischen Denkmälern des Rheinlandes, Bd. 2. Köln

[13] Wenk, S., Hrsg. (2001) Erinnerungsorte aus Beton. Berlin

[14] Hackelsberger, Ch. (1988) Beton: Stein der Weisen? Nachdenken über einen Baustoff. (Bauwelt-Fundamente; 79) Braunschweig und Wiesbaden

[15] Bonacker, K. (1996) Beton. Ein Baustoff wird Schlagwort. Geschichte eines Imagewandels von 1945 bis heute. Marburg

[16] Lange, R. (2003) Architektur und Städtebau der sechziger Jahre. Planen und Bauen in der Bundesrepublik Deutschland und der DDR von 1960 bis 1975. Schriftenreihe des Deutschen Nationalkomitees für Denkmalschutz, Band 65. Hamburg

[17] Kant, I. (1790) Kritik der Urteilskraft, Buch II, § 25, Königsberg

Betonbauten der Moderne –
Instandsetzung und Nutzung als kommunale Aufgabe

Hans Rasche

Zusammenfassung

Die Großstädte stellen mit Gebäudewerten im Milliardenbereich die größten Auftraggeber auf dem Bausektor für die private Wirtschaft in unserem Staat und verursachen gleichzeitig die größte Belastung für den Steuerzahler.

Im Verantwortungsbereich der Politik und der Verwaltung stecken die ganzheitlichen Grundsätze für nachhaltiges Planen und Bauen, Betreiben und Unterhalten sowie zur Nutzung von Liegenschaften und Gebäuden den Handlungsrahmen ab.

Nachhaltiges Bauen strebt für alle Phasen des Lebenszyklus´ von Gebäuden - von der Planung, der Erstellung über die Nutzung und Erneuerung bis zum Rückbau - eine Minimierung des Verbrauchs von Energie und Ressourcen sowie eine möglichst geringe Belastung des Naturhaushaltes an. Dies ist über die gesamte Prozesskette zu erreichen durch:

- Senkung des Energiebedarfs und des Verbrauchs an Betriebsmitteln
- Vermeidung von Transportkosten von Baustoffen und -teilen
- Einsatz wiederverwendbarer oder -verwertbarer Bauprodukte/ Baustoffe
- Verlängerung der Lebensdauer von Produkten und Baukonstruktionen
- gefahrlose Rückführung der Stoffe in den natürlichen Stoffkreislauf
- weitgehende Schonung von Naturräumen und Nutzung von Möglichkeiten zu Flächen sparendem Bauen.
  [1], Seite 1

Die zeitlichen Maßstäbe müssen sich im Rahmen der ökologischen und ökonomischen Bewertung an den langen Nutzungszeiträumen von durchschnittlich 50 bis 100 Jahren orientieren. Eine Dauerhaftigkeit von Gebäuden kann sich nur durch die Möglichkeit zur Mehrfachnutzung und der damit verbundenen Veränderbarkeit bewähren. Auch die Dauerhaftigkeit von Baustoffen und Bauteilen trägt zur Verlängerung der Lebensdauer von Gebäuden und zur Reduzierung des Unterhaltungs- und Erneuerungsaufwands bei. Und nicht zuletzt entscheidet auch ein kontrollierter Rückbau bei Wegfall jeglicher Nutzungsmöglichkeiten zur Trennung von Stofffraktionen und weitestgehender hochwertiger Weiter- und Wiederverwendung über den Einsatz eines bestimmten Baumaterials für ein konkretes Gebäude. Vor diesem Hintergrund wird der Werkstoff Beton mit einer neuen Werteskala gemessen und seine Berechtigung in dem jeweiligen Baubereich beweisen müssen.

1 Verwaltungsstruktur der Stadt Nürnberg

Die Stadt Nürnberg ist mit rund 500.000 Einwohnern die zweitgrößte Stadt Bayerns, Industriemetropole des nordbayerischen Raums und bildet zusammen mit dem Städtedreieck Nürnberg, Fürth und Erlangen ein Ballungszentrum von rund 1 Mio. Einwohner.

Nach der letzten Kommunalwahl gliedert sich die Stadtverwaltung seit Mai 2002, unter Leitung des Oberbürgermeisters, in elf Geschäftsbereiche bzw. Referate.

Innerhalb des Baureferates zeigt sich das Hochbauamt für den Gebäudebestand der Stadt Nürnberg verantwortlich.

1.1 Leitbild des Hochbauamtes

Das Hochbauamt als innerstädtischer Dienstleister versteht sich als fachkundiger Vertreter des Bauherrn und Gebäudeeigentümers der Stadt Nürnberg.

Die Kernprozesse des Hochbauamtes sind:

- Gebäudeerstellung
- Gebäudeinstandhaltung
- Denkmalschutz und Denkmalpflege
- Energiemanagement
- Bautechnisches Umweltmanagement
- Beratung

Ziel aller Aktivitäten ist die Erfüllung der Kundenwünsche im Rahmen der finanziellen Möglichkeiten unter Beachtung aller Vorschriften und Abhängigkeiten.

1.2 Gebäudebestand

Die Stadt Nürnberg verfügt zur Zeit über einen Gebäudebestand von ca. 1.200 Einzelgebäuden bzw. Bauwerken. Hiervon sind ca. 380 Einzelgebäude in die Denkmalliste eingetragen. Weiterhin befinden sich 110 Brunnen, 217 Denkmäler und Freiplastiken sowie 50 Flurdenkmäler in städtischem Besitz.

Der Gebäudebestand der Stadt Nürnberg im Aufgabenbereich des Hochbauamtes (ohne Eigenbetriebe und plafonierte Dienststellen) umfasste zwischen 2001 und 2002 ein Volumen von 6.699.383 m³ umbauten Raumes.

Die Aufteilung nach Gebäudearten zeigt folgendes Bild:

	tsd m³	%
Ämtergebäude	676	10
Schulen	3.330	50
Museen, Kulturbauten	297	4
Denkmäler	274	4
Gebäude für Soziales	317	5
Kindergärten und Horte	199	3
Sport und Freizeit	232	3
Märkte	46	1
Feuerwehr + Katastrophenschutz	193	3
Wohngebäude etc.	1.135	17
	6.699	100

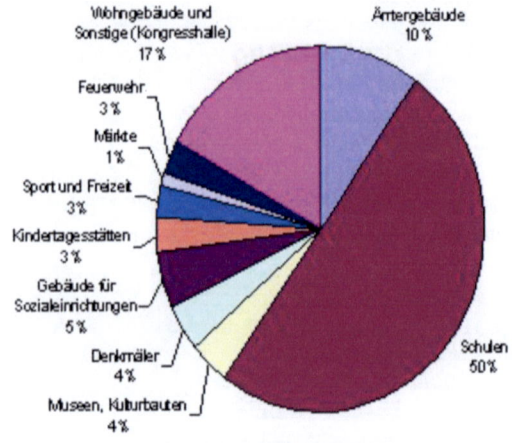

Abb. 1: prozentuale Aufteilung der Gebäudearten

1.3 Unterhaltsmittel und Baupauschale

Für den Bauunterhalt der städtischen Gebäude (ohne Eigenbetriebe und plafonierte Dienststellen) wurden vom Hochbauamt in den Haushaltsjahren 2001 und 2002   9.076.774 EUR und 10.084.359 EUR und für den technischen Unterhalt 6.845.913 EUR und 7.256.772 EUR ausgegeben.

Mit den Mitteln der Baupauschale, die weitgehend für die Substanzerhaltung eingesetzt wurden, standen somit im Jahr 2001 insgesamt Unterhaltsmittel von 22.058.190 EUR und 2002 von 23.141.131 EUR zur Verfügung. Ausgehend von den Ansätzen von 1996 bedeutet dies eine jährliche Steigerung von ca. 2,55%.

Jahr	Bauunterhalt	Technik	Baupauschale
1996	8.629.584	5.152.288	6.135.503
2001	9.076.774	6.845.913	6.135.503
2002	10.084.359	7.256.772	5.800.000
	Angaben in EUR		

Weiterhin verfügen die hausverwaltenden Dienststellen insgesamt über Unterhaltsmittel von ca. 2,05 Mio EUR zur Durchführung des kleinen Bauunterhalts. Dies sind Maßnahmen bis zu einer Größenordnung von 1.000 EUR pro Gewerk.

Hinzu kommen noch Unterhaltsmittel aus den Budgets der plafonierten und budgetierten Dienststellen, die diese selbst bewirtschaften. Die Unterhaltsmittel für die Gebäude und Anlagen der Eigenbetriebe sind hier ebenfalls nicht berücksichtigt.

1.4 Mittelfristiger Investitionsplan (MIP)

Im MIP 2001-2004 waren 39 Baumaßnahmen und 16 Pauschalen mit Ansätzen in Höhe von 72 Mio. Euro für den vierjährigen MIP-Zeitraum ausgewiesen(ca. 18 Mio. EUR/Jahr). Hiervon entfallen ca. 64% auf Neu- und Umbaumaßnahmen und ca. 36% auf Sanierungs- und Instandhaltungsmaßnahmen.

Im MIP 2002 - 2005 waren 35 Baumaßnahmen und 16 Pauschalen mit Ansätzen in Höhe von 61 Mio. Euro für den vierjährigen MIP-Zeitraum ausgewiesen (ca. 15 Mio. EUR/Jahr). Hiervon entfallen ca. 65% auf Neu- und Umbaumaßnahmen und ca. 35% auf Sanierungs- und Instandhaltungsmaßnahmen.

2 Technische Gebäudebewirtschaftung

Bei der Technischen Gebäudebewirtschaftung werden die Aufgaben zentral organisiert, Fachkompetenz und Verantwortlichkeiten gebündelt, um somit die Gebäudenutzer zu entlasten, damit

- sie durch fachfremde Aufgaben nicht überfordert werden und sich auf ihr Kerngeschäft konzentrieren können,
- sie in der Erfüllung ihrer eigentlichen Aufgaben nicht beeinträchtigt sind und
- es durch mangelhafte oder unterlassene Instandhaltung nicht zu einem Wertverfall des öffentlichen Immobilienvermögens kommt.

Daraus ergeben sich folgende operative Aufgabenfelder:

- Betriebsmanagement
- Instandhaltungsmanagement
- Störungsmanagement
- Energiemanagement
- Umweltmanagement
- Notdienst

Mit Ausnahme des Umweltmanagements ist das Hochbauamt in vollem Umfang für die operativen Aufgaben zuständig.

2.1 Instandsetzungs- und Instandhaltungsmaßnahmen

Diese Maßnahmen im Rahmen der technischen Gebäudebewirtschaftung sind eine Teilaufgabe eines im Aufbau begriffenen Gebäudemanagements.

Ziel ist, die Investitions-, Betriebs- und Unterhaltskosten im Zusammenhang mit dem Nutzungsvorrat der Anlagen zu sehen und entsprechend zu minimieren, ohne dass Verfügbarkeit und Komfort eingeschränkt, sondern, wenn möglich, verbessert werden.

Ein Instrument hierzu ist die strukturierte Dokumentation der Gebäudeteile und Anlagen.

2.2 Gebäudepass

Die bereits beim Amt für Organisation und Informationsverarbeitung (OrgA) bestehende Gebäude-Raum-Datenbank wird um umfassende Gebäudedaten durch das Hochbauamt ergänzt. Der Inhalt der Mängellisten ist Teil dieser Gebäudedaten.

Damit soll ein Dokument geschaffen werden, das alle für die Gebäudebewirtschaftung relevanten Daten enthält.

3 Stahlbeton in der Praxis

Die Verwendung des Baumaterials „Beton" in der Moderne beschränkt sich hauptsächlich auf den bewehrten Beton, den Stahlbeton.

In dieser ingenieurtechnischen Entwicklung werden die Materialvorzüge von Stahl zur Aufnahme von Zugspannungen und von Beton zur Aufnahme von Druckspannungen durch die Verbundbauart kombiniert. Dadurch entstehen hervorragende Tragfähigkeiten, bevorzugt für Ingenieurbauwerke wie Brücken, Schalen oder Skelette. Die Grundformen des Stahlbetonbaus sind Platten, Balken, Stützen und Rahmentragwerke.

Neben den statisch-konstruktiven Qualitäten entdeckten die Architekten die vielseitigen Gestaltungsspielräume des Materials. Die durch die Betonüberdeckung geschützte Konstruktion konnte in ihrer Oberfläche frei gestaltet werden und die fast beliebige Formbarkeit der Stahlbetonbaukörper stieß nur durch die Schalungstechniken an konstruktive Grenzen. Das Material übernimmt als Abfallprodukt Brandschutzfunktionen und verspricht eine lange Haltbarkeit.

Durch die industrielle Vorfertigung erlangte das Material im Stahlbetonfertigbau, mit seinen wirtschaftlichen und zeitlichen Vorteilen, den wirklichen Durchbruch.

Ein Funktionsorganismus Stadt ist heute ohne das Baumaterial Stahlbeton nicht mehr vorstellbar. Neben den Verkehrsbauten: Straßen, Brücken, Eisenbahn, Straßenbahn, U-Bahn, Flughafen und Hafen mit Kanal, hat auch der Stahlbetonbau im Hochbau eine breite Verwendung gefunden. Besonders bei seriellen Großanlagen in additiver Konstruktionsbauweise, Stadion, Messe und Baukastenschulen konnten sich die wirtschaftlichen Vorteile des Stahlbetons durchsetzen.

In den 60er Jahren entstanden einige Prestigeobjekte nach vorgeschalteten Architektenwettbewerben als monolithisch geschalte Betongebäude, *Johannes-Scharrer-Gymnasium, Gemeinschaftshaus Langwasser und die Norishalle.*

Die Erstellung solcher personalaufwendigen „Ortbetonunikate" konnte sich aus wirtschaftlichen Gründen nicht in größerem Umfang durchsetzen.

Die prognostizierte Erwartung von nahezu wartungsfreien und ewig haltbaren Betonkonstruktionen muss schon nach nur 30 bis 40 Jahren Standzeit revidiert werden.

Ausgerechnet in der Zeit, in der die Kommunen nur mit größten Anstrengungen einen genehmigungsfähigen Haushalt aufstellen können bzw. dazu gar nicht in der Lage sind, verursachen schadhafte Betonkonstruktionen zusätzlich erhebliche Finanzbelastungen.

Dies soll mit drei exemplarischen Aufgabenstellungen belegt werden.

Entsprechend der finanziellen Tragweite und der Dimension der Auswirkungen wird der Zustand der Brücken der Stadt Nürnberg, im Zuständigkeitsbereich des Tiefbauamtes, vorangestellt.

Anschließend wird eine kleinere Fassadeninstandsetzung und eine größere Umbaumaßnahme incl. der Fassadeninstandsetzung (letztere ist zur Zeit in Vorbereitung), im Zuständigkeitsbereich des Hochbauamtes, behandelt.

3.1 Bauwerkszustand der Brücken in der Stadt Nürnberg

In der Baulast der Stadt Nürnberg befinden sich gegenwärtig rund 300 Brücken mit einer Gesamtfläche von ca. 130.000 m². Zusätzlich zu den Brückenbauwerken werden Stützwände, Lärmschutzwände, Verkehrszeichenbrücken, Treppenanlagen, eine Gleisanlage und ein Parkhaus unterhalten.

Sämtliche Bauwerke unterliegen einer fortlaufenden Überwachung nach DIN 1076. Die Auswertung der hierbei erstellten Prüfprotokolle zeigt, dass sich viele Bauwerke und insbesondere Brücken in einem alarmierenden Zustand befinden. Aus diesem Grund wurde darüber am 25.09.2002 im Bau- und Vergabeausschuss berichtet.

Die wesentlichsten Ursachen für die zunehmende Verschlechterung der Bausubstanz sind im Nachfolgenden aufgeführt.

Abb. 2: Theodor-Heuß-Brücke Wiederlager Ost

Abb. 3: Brücke Frankenschnellweg

Abb. 4: Otto-Brenner-Brücke

3.1.1 Umwelteinflüsse

Der Einsatz von Streusalz führt zu chloridverseuchten Betonbauteilen und in der Folge zu ganz erheblichen Bewehrungs- und Betonschäden. Hinzu kommt eine immer höhere CO_2 –Konzentration in der Luft, wodurch vermehrt Carbonatisierungsschäden entstehen.

3.1.2 Ungenügende Dauerhaftigkeit

Bei Bauwerken aus den 60er und 70er Jahren sind mangelhafte Betonüberdeckung, Schäden im Bereich von Spanngliedern und unausgereifte Brückenabdichtungen als Schadensursachen festzustellen. So liegt auf 33 Bauwerken unter dem Belag und der Abdichtung Lochglasvlies.

Diese Bauweise war in den 70er Jahren Stand der Technik. Zwischenzeitlich wurde festgestellt, dass durch das Lochglasvlies der Eintrag von Salzwasser in die Bauwerke begünstigt wird und mittelfristig schwere Schäden entstehen. Die bayerische Staatsbauverwaltung hat deshalb bereits auf ihren sämtlichen Bauwerken mit Lochglasvlies die Abdichtung einschließlich Belag erneuert.

3.1.3 Gestiegenes Verkehrsaufkommen

Insbesondere der Schwerverkehr, mit steigenden Achslasten und Gesamtgewichten trägt zu größeren dynamischen Belastungen und damit Ermüdungen der Brückenkonstruktionen bei.

3.1.4 Unzureichende Pflege der Bauwerke

Vom Werkbetrieb sind laufende Wartungsarbeiten mangels Personal und Arbeitsüberlastung nicht mehr in ausreichendem Umfang zu leisten. Die dadurch vernachlässigte Pflege von Fugen und Entwässerungseinrichtungen oder die nicht durchgeführte Reinigung und Instandhaltung von Brückenausstattungen wie Lagern, Übergangkonstruktionen usw. zieht Folgeschäden größeren Ausmaßes nach sich. Insbesondere der Salzeintrag spielt hierbei eine entscheidende Rolle.

3.1.5 Unzureichende Mittelzuweisungen

Nach Erhebungen des Bundesministeriums für Verkehr und der einschlägigen Fachliteratur ist zur Erhaltung der Substanz von Brücken ein jährlicher Finanzbedarf von mindestens 1 % des Bestandwertes erforderlich um einem Substanzverlust auf längere Sicht entgegenzuwirken.

Demnach müssten in Nürnberg mit einer Gesamtbrückenfläche von 130.000 m², die ein Gesamtvermögen von 200 Mio. EUR darstellen, rund 2,0 Mio. EUR pro Jahr allein an Unterhaltsmitteln für Brücken zur Verfügung stehen; hinzu kommen noch weitere Bauwerke wie Stützwände, Lärmschutzwände, Verkehrszeichenbrücken usw. (z.Zt. stehen pro Jahr tatsächlich lediglich 0,5 Mio. EUR für den "kleinen Unterhalt" und 0,5 Mio. EUR für die "Großinstandsetzung" zur Verfügung).

3.1.6 Bauwerksprüfungen

Zur einheitlichen Erfassung, Bewertung, Aufzeichnung und Auswertung von Bauwerksprüfungen wurde vom Bundesverkehrsministerium die Richtlinie EBW-Prüf eingeführt. Darin wird dem jeweiligen Zustand des Bauwerkes folgende Bewertung zugeordnet:

- sehr guter Bauwerkszustand
- guter Bauwerkszustand

- befriedigender Bauwerkszustand
- noch ausreichender Bauwerkszustand
- kritischer Bauwerkszustand
- ungenügender Bauwerkszustand

Im Januar 2002 befanden sich 18 Brücken in einem ungenügenden und weitere 13 in einem kritischen Bauwerkszustand. Der inzwischen entstandene "Sanierungsüberhang" addiert sich auf ca. 17,4 Mio. EUR. Weitere ca. 10 Mio. EUR werden für die Erneuerung von Abdichtungen mit Lochglasvlies auf ca. 60.000 m² Brückenfläche benötigt.

Verschärfend kommt hinzu, dass der Bauwerksverfall nicht linear, sondern exponentiell fortschreitet und in gleichem Maße auf den zukünftigen Mittelbedarf durchschlagen wird. Das zunehmende Durchschnittsalter der Bauwerke beschleunigt diese Entwicklung zusätzlich. Aus Gründen der Verkehrssicherheit sieht sich die Verwaltung zu einer restriktiven Handlungsweise gezwungen, die u.a. zu Gewichtsbeschränkungen und in letzter Konsequenz zu Sperrungen von Brücken führen wird. Als Folge lässt sich mittelfristig eine Zunahme von drastischen Verkehrsbehinderungen nicht vermeiden.

Zusammenfassend muss festgestellt werden, dass auf Grund der aufgezeigten Problematik mindestens eine Verdopplung der Haushaltsansätze von derzeit 1 Million auf 2 Millionen Euro pro Jahr dringend erforderlich ist. Zusätzlich wird eine Million Euro pro Jahr für die Erneuerung von Abdichtungen mit Lochglasvlies benötigt. Zur Erhaltung des Bauwerksbestandes sind demnach insgesamt mindestens drei Millionen Euro pro Jahr im Haushalt notwendig.

Durch die zu geringe Mittelzuweisung in der Vergangenheit hat sich das beschriebene Sanierungsdefizit aufgebaut. Nur durch eine Erhöhung der Haushaltsansätze kann die Schadens- und Kostenspirale durchbrochen, die Stand- und Verkehrssicherheit erhalten, die Lebensdauer verlängert und der künftige Instandhaltungsaufwand minimiert werden.

In der Nachfolgezeit wurden die Brücken durch externe Ingenieurbüros begutachtet und am 14.10.2003 beschloss der Bauausschuss ein Notprogramm mit Sofortmaßnahmen zur Sanierung an drei Großbrücken in Höhe von 7,9 Mio. EUR.

3.2 Betonsanierung der Aussegnungs- und Leichenhalle des Südfriedhofes

3.2.1 Allgemeines

Bei dem denkmalgeschützten Ensemble des Nürnberger Südfriedhofes handelt es sich um Bauten des Architekten Friedrich Küfner aus den Jahren 1911 bis 1913 mit Anklängen an Neubarock und Romantik, teils auch an den byzantinischen Stil. Besonders zu erwähnen sind die Oberflächen des Sichtbetons im Außenbereich, die durch die Zusammensetzung des Materials und eine steinmetzmäßige Überarbeitung den Anschein von Natursteinoberflächen erwecken.Es wurden zwei Wege der Betonsanierung beschritten und insgesamt 0,6 Mio. EUR investiert:

3.2.2 Oberflächensanierung Glockenturm

Bohrungen ergaben, dass die vier Mauerpfeiler mit einem im Mittel ca. 14,5 cm starkem unbewehrten Beton, Oberfläche gestockt, mit Randsockel ummantelt sind.

Durch die fehlende Bewehrung bildeten sich Risse, die das Eindringen von Feuchtigkeit ermöglichten.

Abb. 5: Gebäudekomplex vom südlichen Haupteingang aus

Sanierungsschritte im Einzelnen:

- Reinigung sämtlicher Oberflächen durch schonendes Sandstrahlen
- Rissverpressung, sowie Verpressung der Hohlräume zwischen Betonmantel und Mauerwerk mit einer 2-komponentigen Injektionssuspension auf Feinstzementbasis (Fabrikat: Sicotan).
- Ausbesserungen von Ausbruchstellen mit Terzith - Mineralsteinmasse als Reparaturmörtel.
- Ausbesserungsflächen werden steinmetzmäßig gestockt.
- Grundierung - nach Muster - mit Keim´scher Grundierungsfarbe, während eines bestimmten Trocknungszustandes. Einblasen von Farbchips aus Polyurethan zur Angleichung an den Bestand. Nach dem Abbindeprozess werden lose Chips abgebürstet.
- Lasur mit Keimrestauro - Lasur (wasserabweisend und CO2-dicht). Die Lasur egalisiert leichte Farbunterschiede.

3.2.3 Partielle Betonsanierung an Aussegnungs-, sowie Kranz- und Leichenhalle

Nach mehreren Gesprächen vor Ort, unter Teilnahme der Unteren Denkmalschutzbehörde der Stadt Nürnberg, dem Bayerischen Landesamt für Denkmalpflege (BLfD), sowie der Landesgewerbeanstalt (LGA) und einem privaten Betonsachverständigen wurde Einigung über die grundsätzliche Vorgehensweise erzielt.

An die erhaltenswürdigen Oberflächen sollte eher mit den Maßstäben einer Kunststeinrestaurierung/ -konservierung als die einer Betonsanierung herangegangen werden.

Eingriffe sollten sich auf ein unbedingt notwendiges Mindestmaß beschränken, um so viel Originaloberfläche wie möglich zu erhalten, das heißt eine Beschränkung auf Reparaturen einzelner geschädigter Stellen.

Ein großer Teil der Oberflächen war in einem sehr guten Zustand, so dass eine Reinigung mit Wasserdampf und eine evtl. partielle Festigung als Restaurierungsmaßnahme ausreicht.

Es musste ein Kunststeinrestaurierungsmörtel entwickelt werden, der sich an dem verwendeten Originalsichtbeton in Zuschlag, Farbigkeit und Festigkeit orientierte und der sich vor allem steinmetzmäßig bearbeiten ließ, um die Oberflächenstruktur (Scharrierung, Randschlag usw.) ausgleichen zu können.

Abb. 6: Träger für die Lastaufnahme der Kreuzigungsgruppe im Portalbogen eingestellt

Abb. 7: Balkenträgerauflager auf Arkadenstütze

Sanierungsschritte (unter Beachtung der DAfStb-Richtlinie):

- Untersuchung von Bohrkernen durch die LGA auf Bindemittelart, Sieblinie, Kornzusammensetzung, Mischungsverhältnis und des Chloridgehaltes.
- Erstellung mehrerer Muster auf Holztafeln und vor Ort in Bezug auf Oberflächenstruktur und Farbe.
- Untersuchung der zu bearbeitenden Betonflächen auf schadhafte Stellen (Hammerprobe), Beseitigen loser Teile, Freilegen der Bewehrung.

- Sandstrahlen der Bewehrung mineralische Rostschutzbeschichtung Ergänzen schadhafter Betonstähle
- Einschalen der größeren Schadstellen und Einbringen von Spritzmörtel/ Reparaturmörtel, gem. Rezeptur der Firma sto.
- Strukturbehandlung der (ausgeschalten) Reparaturflächen während eines bestimmten Abbindestadiums.
- Hydrophobierung der gesamten Betonflächen mit einer Hydro-Creme auf Silanbasis, farbneutral, mit größerer Eindringtiefe (Haltbarkeit ca. zehn Jahre) Fabrikat *sto cryl HC 100*.

Abb. 8: Sanierte Partien am Portal der Aussegnungshalle, im Hintergrund der Glockenturm

3.3 Umbau und Sanierung der Norishalle

3.3.1 Ausgangslage

Am Standort der Norishalle wurde die Stadtmauer bereits im 19. Jh. niedergelegt. An diese Stelle versetzte man die eigens für die Bayerische Landesausstellung im Stadtpark 1882 errichtete Halle für die Nutzung als Verkehrsmuseum. 1927 erfolgte der Umbau zu einem Kunstausstellungsgebäude, entsprechend dem damaligen Zeitgeschmack.

Abb. 9: Gesamtansicht der Norishalle

Nachdem sie im Krieg zerstört wurde, entstand von 1966 - 1969 nach den Plänen von Heinrich Graber, der als erster Preisträger aus einem Architektenwettbewerb hervorgegangen war, die Norishalle in ihrer heutigen Fassung. Der monolithische Betonbaukörper ist in der typischen Architektursprache des Sichtbetons der 60er Jahre entworfen. Das Bauwerk wurde wegen seiner herausragenden Bedeutung in der Entwicklung der modernen Architektur im Februar 1997 in die Denkmalliste aufgenommen.

3.3.2 Planung

Nach Erwerb durch die Stadt Nürnberg im Jahr 1988 begannen die Planungen für eine neue Nutzung. Zur Ausführung kam das Belegungsmodell, welches dem Stadtarchiv (Av) und der Naturhistorischen Gesellschaft (NHG) ein neues Domizil geschaffen hat.

Zunächst wurde eine Reihe verfremdender Einbauten entfernt und das Gebäude auf die ursprüngliche Entwurfsstruktur zurückgeführt. Über eine gemeinsame Eingangshalle erschließen sich die Ausstellungsräume der NHG im EG und 1.OG sowie der Büroturm des Av. In den Untergeschossen sind weitgehend Magazinflächen eingerichtet. Eine besonders schwierige Aufgabe stellte sich allen Planungsbeteiligten mit der Unterbringung der umfangreich neu einzubauenden Haustechnik in dem über 30 Jahre alten Gebäude, das, als besondere Herausforderung, auch im Gebäudeinneren fast nur aus Sichtbeton besteht. Das Gebäude mit 4.680 m² Nutzfläche wurde für 6,5 Mio. EUR von 01/1998 bis 04/2000 umgebaut.

3.3.3 Behandlung der Sichtbetonoberflächen im Innenbereich

Die innenliegenden Sichtbetonoberflächen zeigten sich in einwandfreiem Zustand ohne jede Stahlkorrosion, wiesen aber durch die jahrelange Nutzung des Bauwerkes deutliche Spuren von Verschmutzung

auf. Insbesondere in Bereichen von Kältebrücken und auf Greifhöhe waren mittlere bis stärkere Verschmutzungen sichtbar. Auch die Sockel waren durch Wischwasser stark verdreckt.

Ziel der Behandlung der Innenwandflächen war es nun, diese Nutzungsspuren zu beseitigen oder zumindest abzumildern. Darüber hinaus sollte der Gesamteindruck des über 30 Jahre alten Gebäudes aufgewertet werden mit dem Versuch durch Oberflächenbehandlung die ursprüngliche Helligkeit des frisch ausgeschalten Betons zurückzugewinnen, ohne jedoch die Lebendigkeit und Tiefe der unbehandelten Sichtbetonqualität zu zerstören.

Nach mehreren Mustern und der eingehenden Abstimmung mit der unteren Denkmalschutzbehörde wurden die Oberflächen in zwei Schritten bearbeitet:

- händisches Reinigen der Oberflächen mit klarem Wasser, entfettendem Netzmittel und Wurzelbürste. Die stärker verschmutzten Partien wurden entsprechend intensiver behandelt.

- Ein zwei- bis dreilagiger Auftrag extrem verdünnter und je nach Wandteil farblich angepasster Lasur mit generell hellen Pigmenten frischte den mittlerweile stark gedunkelten Farbton auf und vereinheitlichte unterschiedliche Wandflächen. Dabei wurde streng darauf geachtet, dass durch den Lasurauftrag keine auch nur im Ansatz deckende Wirkung entstand. Die Pinselführung erfolgte parallel zu den Schalbrettern.

3.4 Fassadensanierung der Norishalle

Nach dem abgeschlossenen Umbau der Norishalle soll nun in einem zweiten Schritt die Sichtbetonfassade instandgesetzt werden. Am 16.04.2003 wurde über die gesamte Fassade eine Untersuchung durchgeführt, in der augenscheinliche Schadensfeststellungen an der Norishalle planlich klassifiziert und in einem Bericht festgehalten wurden.

3.4.1 Untersuchungsmethode

Die visuelle Überprüfung erfolgte vom Straßenniveau unter Zuhilfenahme eines Fernglases. An einzelnen Stellen wurden die Betondruckfestigkeit zerstörungsfrei mit dem Verfahren nach DIN 1048-2 abgeschätzt (Rückprallhammer nach E. Schmidt) und die Betonüberdeckung und Karbonatisierungstiefe teils zerstörungsfrei, teils zerstörend gemessen. Aus dieser Feststellung ergibt sich die nachfolgende Aufstellung der an der Norishalle vorgefundenen Schadenstypen:

[A]   Minderdeckung – flächenhafte Ausrostung der Schwindbewehrung mit einem Durchmesser von 3 mm bzw. 6 mm in den Obergeschossen und Abplatzung der Betonüberdeckung. Keine Abplatzungen in den Sockelgeschossen.

[B]   Einzelne oberflächennahe Bewehrungsstäbe – Abplatzungen des überdeckenden Betons und Korrosion der Stäbe.

[C]   Stark erhöhte Poren- und Lunkerbildung – Regelmäßig sind die obersten Bereiche der vertikalen Ortbetonplatten betroffen.

[D]   Entmischungszonen – durch Schüttvorgang verursachte Entmischungen, meist an einzelnen der vertikalen Ortbetonplatten.

[E]   Eck- und Kantenabrisse – u.a. durch unsachgemäße Bewehrungsausbildung verursacht.

[F1] Spannanker – Zementplombe gerissen. Keine Stahlkorrosion, da ein Hüllrohr zum Einsatz kam.

[F2] Spannanker – Zementplombe gerissen. Feststellbare Stahlkorrosion, da kein Hüllrohr zum Einsatz kam.

[F3] Spannanker – ohne sichtbaren Schaden, jedoch ist der Mörtel weich und absandend.

[G]   Feine trockene Risse.

[H]   Vorhandene Reparaturstellen.

[J]   Chloridindizierte Beton- und Stahlkorrosion – an einzelnen Sockelbereichen.

[K]   Hohllagen – in Zusammenhang mit Chloridangriff.

[L]   Zuschläge – mit Rostfahnen.

[M]   Graffiti – Teils noch nicht entfernt. Teils entfernt, jedoch Farbreste und Bearbeitungsspuren.

Abb. 11: [B] Einzelne oberflächennahe Bewehrungsstäbe – Abplatzungen des überdeckenden Betons und Korrosion der Stäbe.

Abb. 12: [C] Stark erhöhte Poren- und Lunkerbildung – Regelmäßig sind die obersten Bereiche der vertikalen Ortbetonplatten betroffen.

Abb. 10: [A] Minderdeckung – flächenhafte Ausrostung der Schwindbewehrung mit einem Durchmesser von 3 mm bzw. 6 mm in den Obergeschossen und Abplatzung der Betonüberdeckung. Keine Abplatzungen in den Sockelgeschossen.

Abb. 13: [D] Entmischungszonen – durch Schüttvorgang verursachte Entmischungen, meist an einzelnen der vertikalen Ortbetonplatten.

Abb. 14: [E] Eck- und Kantenabrisse – u.a. durch unsachgemäße Bewehrungsausbildung verursacht

Abb. 17: [G] Feine trockene Risse

Abb. 15: [F1] Spannanker – Zementplombe gerissen. Keine Stahlkorrosion, da ein Hüllrohr zum Einsatz kam.

Abb. 18: [H] Vorhandene Reparaturstellen[L] Zuschläge – mit Rostfahnen

Abb. 16: [F2] Spannanker – Zementplombe gerissen. Feststellbare Stahlkorrosion, da kein Hüllrohr zum Einsatz kam.

Abb. 19: [J] Chloridindizierte Beton- und Stahlkorrosion – an einzelnen Sockelbereichen

Abb. 20: [L] Zuschläge – mit Rostfahnen

Abb. 21: [M] Graffiti – Teils noch nicht entfernt. Teils entfernt, jedoch Farbreste und Bearbeitungsspuren.

Neben den heute sichtbaren Schäden existieren, wie sich im Zuge der stichprobenartigen Prüfungen gezeigt hat, Bereiche die oberflächlich intakt wirken, bei denen aber die Karbonatisierungsfront teils vor, teils auf gleicher Höhe und teils hinter der Schwindbewehrung liegt. Der aktive Korrosionsschutz ist dabei starkt beeinträchtigt oder nicht mehr vorhanden. Der Umstand, dass in diesen Bereichen keine Abdrückungen stattfinden, ist zum einen mit dem Verhältnis der Überdeckung zum Stabdurchmesser zu erklären, zum anderen auf den Feuchtehaushalt zurückzuführen.

Ist die Überdeckung eines Bewehrungsstabes mehr als doppelt so groß wie sein Durchmesser, so ist im Allgemeinen trotz möglicher Korrosion nicht mit einer Abplatzung in Folge von volumenvergrößernder Korrosion zu rechnen. Die dabei auftretenden Druckspannungen im Beton kann dieser dauerhaft aufnehmen. Im Falle des 1. UG und des EG muss bei einem Durchmesser der Schwindbewehrung von 3mm die Überdeckung größer als 6 mm, im 1. OG und 2. OG bei einem Durchmesser der Schwindbewehrung von 6 mm also größer als 12 mm sein.

Der Feuchtehaushalt ist von der Dichte der Randzonen und der jahreszeitlichen Bewitterung ab-

hängig. Da Bereiche vorhanden sind, in denen die Karbonatisierung hinter der Schwindbewehrung liegt, welche selber nach o. g. Verhältnis von Überdeckung zu Stabdurchmesser im unsicheren Bereich liegt, jedoch keine Abdrückungen erkennbar sind, kann im vorliegenden Fall in den Bereichen mit intakter Betonoberfläche von einer geringen Feuchteaufnahme ausgegangen werden. Die weitere Entwicklung in den nächsten Jahren ist schwer vorhersehbar.

3.4.2 Bemusterung von Instandsetzungsflächen

Für die weitere Untersuchung und anschließende Instandsetzung der Fassaden wurde eine geeignete Musterfläche bestimmt, der Aufbau über dem Büroturm für die Aufzugsanlage. Je nach Himmelsrichtung und Oberflächenbeanspruchung wurden vier unterschiedliche Verfahren experimentiert.

Nordseite:

- Untergrundvorbehandlung mit HDW 500bar
- Freilegung der sichtbaren Schäden und Ausbauder korrodierten Bewehrung
- Spritzmörtelauftrag mit Microsilica in zwei Lagen(15 mm, 5 mm) Aufbringen einer Brettschalungs-struktur mittels Profilwalze
- Oberflächenbeschichtung mit Hydrophobierungund Farblasur

Ostseite:

- Reinigung des Untergrundes mit Algenvernichtern
- Untergrundvorbehandlung mit drucklosem Wasser
- Klassische Betoninstandsetzung der Einzelstellen. Freilegung der sichtbaren Schäden und Ausbau der korrodierten Bewehrung. Einbringen von Reparaturmörtel.
- Vollflächiges Auftragen einer Lunkerspachtelung
- Halbseitige Oberflächenbeschichtung mit Hydrophobierung und Farblasur

Südseite:

- Untergrundvorbehandlung mit HDW 500bar
- Klassische Betoninstandsetzung der Einzelstellen.Freilegung der sichtbaren Schäden und Ausbau der korrodierten Bewehrung. Einbringen von Reparaturmörtel.
- Vollflächiges Spachteln der Betonoberfläche.
- Oberflächenbeschichtung mit Hydrophobierungund Farblasur.

Westseite:

- Untergrundvorbehandlung mit HDW 300bar
- Klassische Betoninstandsetzung der Einzelstellen. Freilegung der sichtbaren Schäden und Ausbau der korrodierten Bewehrung. Einbringen von Reparaturmörtel.
- Ohne Oberflächenbeschichtung, ohne Hydrophobierung, ohne Farblasur.

Abb. 22: Westseite des Aufzugskopfes

Abb. 23: Instandsetzungsausschnitt Westfassade

3.4.3 Instandsetzungsmethoden und deren Bewertung

Der deutsche Ausschuss für Stahlbeton hat Instandsetzungsprinzipien erarbeitet. Sie gelten als anerkannte Regeln der Technik und die hier vorgestellten Instandsetzungsmethoden stützen sich darauf und die dazugehörigen Regelwerke. In der Anlage ist eine Bewertung dieser Methoden dargestellt.

3.4.4 Weitere Vorgehensweisen

In dem Bericht wurden die an der Norishalle vorgefundenen Mängel dargestellt und bewertet. Dies ist die Grundlage für die Erstellung eines Instandsetzungskonzeptes. Hierbei sind folgende Faktoren zu beachten:

- Anspruch an den möglichst originalen Erhalt des Denkmals
- Bautechnische Wirksamkeit der geplanten Maßnahmen
- Dauerhaftigkeit der Maßnahmen und der dadurch entstehende jährliche Unterhalt
- Kostenrahmen (Verhältnismäßigkeit der Mittel)

Ziel ist, ein Instandsetzungskonzept zu finden, dass danach trachtet alle Ansprüche möglichst weitgehend zu berücksichtigen und auf nachhaltigen Sanierungsmethoden fußt.

In dem vorliegenden Gutachten wird der technische Zustand der Sichtbetonfassade der Norishalle dokumentiert. Entsprechend den Schadensbildern an den einzelnen Bauteilen werden potentielle Instandsetzungsmethoden bewertet. Dies dient als Grundlage zur Erstellung eines Gesamtinstandsetzungskonzeptes zu dem das Institut für Massivbau und Baustofftechnologie der Universität Karlsruhe mit einbezogen wird.

4 Ausblick

Mit der Einführung des doppischen Rechnungswesen ab 2005 wird der „Konzern Stadt Nürnberg" eine Gesamtbilanz erstellen können unter Einbeziehung der Eigenbetriebe und Töchter.

Das neue Haushaltswesen bessert an sich natürlich nicht die Finanzsituation der Stadt Nürnberg.

Es bietet aber verbesserte Entscheidungsgrundlagen, mehr Transparenz und Instrumente der Steuerung.

Eine der Hauptaufgaben des Hochbauamtes ist es, die Werterhaltung und die Betriebssicherheit des Gebäudebestandes der Stadt Nürnberg zu gewährleisten (vgl. Art. 74 Abs. 2 BayGO nachdem die Vermögensgegenstände pfleglich und wirtschaftlich zu verwalten sind).

Bei den zu erwartenden rückläufigen Finanzressourcen wird sich eine entsprechend notwendige Größe an Personalkapazität sehr kritisch mit den Bauaufgaben auseinander setzen und den wirtschaftlichen Einsatz der Haushaltsmittel rechtfertigen müssen.

Dazu wird es notwendig in interdisziplinärer Zusammenarbeit aller an der Planung Beteiligten frühzeitig ein Konzept zur Nachhaltigkeit zu entwickeln.

Hierdurch sollen Lösungen erreicht werden, die gleichermaßen durch Funktionalität, Gesundheitsverträglichkeit, Behaglichkeit, Architektur, Städtebau, Gestaltung, Wirtschaftlichkeit, Konstruktion und ökologische Qualität überzeugen. [1], Seite 7

Mit dem Ansatz der europäischen Bauproduktenrichtlinie, der nationalen Umsetzung und der internationalen und europäischen Normung und Zulassung von Bauprodukten werden Bauprodukte systematisch und ganzheitlich hinsichtlich von acht Anforderungen behandelt.

Diese Forderungen sind im einzelnen:

- Dauerhaftigkeit
- Gebrauchstauglichkeit
- mechanische Festigkeit
- Brandschutz
- Hygiene, Gesundheit, Umweltschutz
- Nutzungssicherheit
- Schallschutz
- Energieeinsparung, Wärmeschutz.[1], Seite 13

Unter Einhaltung dieser Kriterien werden sich die am Bau beteiligten Architekten und Fachingenieure einer enorm gestiegenen Verantwortung stellen müssen.

Abb. 24 Eingangssituation des Schulkomplexes Röthenbach Ost. Hochbauamt 09/2000

5 Literatur

[1] Leitfaden Nachhaltiges Bauen Bundesministerium für Verkehr, Bau- und Wohnungswesen

[2] Tätigkeitsberichte Hochbauamt der Stadt Nürnberg 1996 – 2002

[3] Neues Rechnungswesen Nürnberg NRN http:/intranet/information/fachbereiche/nrn/1/2004

[4] Bauwerkszustand der Brücken in Nürnberg. Bericht im Bau- und Vergabeausschuss am 25.09.2002

Anlage – Mögliche Instandsetzungsmethoden und deren Bewertung

		Technische Durchführbarkeit	Dauerhaftigkeit	Denkmalschutz Erscheinung	Bedeutung für die Norishalle
R1		**Korrosionsschutz durch Wiederherstellung des alkalischen Milieus** (flächig)			
		Machbar, besonders weil keine erhöhte Qualitätsforderung an Einzelstellenbearbeitung.	Sehr gut, bei entsprechender Ausführung größer 50 Jahre	Da die gesamte Oberfläche überformt wird, entsteht ein gleichmäßiges Erscheinungsbild, das jedoch mit Sichtbeton und insbesondere der Originalfassade der Norishalle wenig zu tun hat.	Kompletter Verlust der originalen Brettstruktur. Die gewalzten Oberflächenstrukturen zeigen eine gute Nachempfindung. Nachteilig ist die durch den Walzvorgang (Brettstruktur) entstandenen sehr hellen Oberflächen-bereiche, die durch Bewitterung zurückgehen werden.
R2		**Korrosionsschutz durch Wiederherstellung des alkalischen Milieus** (Einzelstellen)			
		Machbar, bei erhöter Qualitätsforderung an Einzelstellenbearbeitung, Sorgfalt im Umgang mit Arbeitsgrenzen. Prognose der tatsächlichen Massen schwer möglich, da z.T. augenscheinlich intakte Flächen bearbeitet werden müssen. Oberflächenschutzsystem (OS) optional. Wegen des Aufwandes nur bei wenigen und kleinen Schäden einzusetzen. Optional mittels ausbetonierter Schalung Erzeugung einer Sichtbeton-oberfläche.	Allgemein gut, hängt sehr von der Verarbeitungsqualität ab. Bei ausbetonierter Schalung ist eine gleichmäßigere Qualität zu erwarten.	Die Bearbeitung von einzelnen Stellen ergibt in der Regel eine fleckige Gesamt-erscheinung. Dafür Erhaltung d. maximalen Originalfläche. Farbliche Anpassung des Reparaturmörtels nur bedingt möglich. Es dürfen nur geprüfte und erprobte Baustoffe zum Einsatz kommen (BAST-Liste). OS vereinheitlicht, aber zerstört die originale Erscheinung	Die originale Oberfläche bleibt weitestgehend erhalten mit dem Preis eines fleckigen Erscheinungsbildes. Hallenbau: wenige Stellen, daher gut vertretbar. Büroturm: viele Schadstellen, Verfahren nicht zu Empfehlen. Vom Einsatz eines OS ist abzusehen.
W		**Korrosionsschutz durch Begrenzen des Wassergehaltes im Beton**			
		Gut machbar. Erfordert Einzelstellenbearbeitung (R2), Spachtelauftrag und OS 4 / OS 5. Kombination mit „C"	Gut. Ein Nachlassen der Sperrwirkung des Schutzsystems ist zu erwarten. Nachbessern des Anstrichsystems alle 10-20 Jahre	Das aufzubringende Oberflächenschutzsystem überdeckt alle Feinheiten einer Sichtbetonfassade, so dass von der originalen Erscheinung nichts erhalten bleibt.	Auf Grund der Nachteile bezüglich der Erscheinung und Originalität der Fassade abzulehnen.
C		**Korrosionsschutz durch Beschichtung der Bewehrung**			
		Wegen der engmaschigen, oberflächennahen Schwindbewehrung ist dies ein aufwändiges Verfahren. Hoher Anspruch an die Verarbeitungsqualität. Praktisch nicht zu 100% umsetzbar. Immer in Verbindung mit „W".	Analog „W".	Das Erscheinungsbild entspricht „W"	Auf Grund der Nachteile bezüglich der Erscheinung und Originalität der Fassade abzulehnen.
K		**Kathodischer Korrosionsschutz**			
		Nur sinnvolle und wirtschaftliche Methode bei großflächig Chloridbelasteten Betonrandzonen.			
		Hydrophobierung			
		Ähnlich „W" soll hier die Wasseraufnahme reduziert werden. Wirksamkeit ist stark unterschiedlich und wenig vorhersagbar.	Gering. Nacharbeiten alle 5 Jahre erforderlich. Unterschiedliche Bewitterung und Abbau der Hydrophobierung	Zunächst unauffälliges Erscheinungsbild. Im Laufe der Zeit wird die Fassade je nach Nachbeschichtung fleckig werden.	Diese Behandlung ist **kein anerkanntes Schutzprinzip!** Für die Norishalle insgesamt abzulehnen. Die Nachteile der ungenügenden und unterschiedlichen Dauerhaftigkeit überwiegen die Vorteile der Unauffälligkeit.

Denkmalgerechte Betoninstandsetzung – Überblick und technisch-wissenschaftliche Grundlagen

Harald S. Müller

Zusammenfassung

Zahlreiche Betonbauwerke des 20. Jahrhunderts werden bereits heute als wichtige historische Zeugnisse eingestuft oder haben gar den Rang von Baudenkmälern erreicht. Die Erhaltung und Instandsetzung solcher Bauwerke erfordert daher die Anwendung denkmalgerechter baulicher Maßnahmen. Dies bedeutet, dass ein größtmöglicher Erhalt der ursprünglichen Konstruktion bzw. ihres Erscheinungsbildes zu gewährleisten ist. Dennoch muss auch den heutigen Nutzerwünschen Rechnung getragen werden. Soweit technisch vertretbar, ist eine örtliche, auf lokale Schäden konzentrierte Instandsetzung zu bevorzugen. Voraussetzung hierfür sind detaillierte Bauwerksuntersuchungen, die eine sichere Abschätzung der Tragfähigkeit und eine Prognose der Dauerhaftigkeit noch ungeschädigter Bauteile erlauben. Meist sind auf das Bauwerk abgestimmte Instandsetzungsmörtel oder Betone zu entwickeln, die neben einer optischen Angleichung an den Altbeton auch spezifische Anforderungen an die mechanischen Eigenschaften zu erfüllen haben. Die Grundlagen der genannten Methoden und die Vorgehensweisen bei der denkmalgerechten Instandsetzung werden in diesem Beitrag zusammenfassend behandelt. Die gewonnenen Erfahrungen mit dieser Instandsetzung belegen, dass auf der Grundlage des heutigen Kenntnisstandes, trotz noch vorhandener Kenntnislücken, dauerhafte Wiederherstellungsmaßnahmen realisiert werden können, ohne dass ein für Betoninstandsetzungen üblicher Kostenrahmen gesprengt wird.

1 Einführung

Im vergangenen Jahrhundert ist Sichtbeton zu einem bedeutenden Gestaltungselement in der Architektur geworden. Das Aussehen zahlreicher Bauwerke wird hierdurch geprägt. Das dabei vom Architekten gewollte Erscheinungsbild geht jedoch verloren, wenn bei Maßnahmen zur Verbesserung der Dauerhaftigkeit oder bei der Instandsetzung von Beton- und Stahlbetonbauwerken die in Richtlinien und Vorschriften festgelegten Grundsatzlösungen unmittelbar umgesetzt werden. Ziel muss es daher sein, „behutsamere" Wege der Betoninstandsetzung zu erschließen und, soweit technisch vertretbar, bei der Instandsetzung umzusetzen.

Seit ca. 15 Jahren werden am Institut für Massivbau und Baustofftechnologie der Universität Karlsruhe gemeinsam mit Architekten und Ingenieuren modifizierte Wege der Betoninstandsetzung entwickelt bzw. beschritten. Der dabei geprägte Begriff der „behutsamen" Betoninstandsetzung verdeutlicht die Ziele dieser durch einen weitgehenden Substanzerhalt gekennzeichneten Art der Instandsetzung. Sie steht heute, ohne zu konkurrieren, neben der „allgemein üblichen", durch großflächige und irreversible Beschichtungsmaßnahmen geprägten Art der Betoninstandsetzung, die bei hoch beanspruchten Ingenieurbauwerken in vielen Fällen unverzichtbar ist. Der vorliegende Beitrag gibt einen Überblick über die Grundlagen und den Kenntnisstand bei der behutsamen bzw. denkmalgerechten Betoninstandsetzung.

2 Betonschäden und ihre Ursachen

Betrachtet man Mängel und Schäden, die an Außenfassaden bzw. Sichtbetonoberflächen historisch bedeutender Beton- und Stahlbetonbauwerke überwiegend vorzufinden sind, so lassen sich im Wesentlichen fünf charakteristische Schadensbilder voneinander unterscheiden:

- verwitterte und abgesandete Betonoberflächen,
- flächige Beläge mineralischer oder organischer Natur,
- hohlraumreiche Randzonen mit fehlender Feinmörtelmatrix,
- Oberflächenrisse von unterschiedlicher Ausprägung,
- abgeplatzte Betondeckung über korrodierter Bewehrung.

Hinzu kommen teilweise Risse in der Zugzone biegebeanspruchter Bauteile sowie durchgehende Risse als Folge von Zwängungen bzw. Verformungsunverträglichkeiten.

Die aufgeführten Veränderungen bzw. Schäden an Betonoberflächen sind an historischen Konstruktionen und an gewöhnlichen Betonkonstruktionen oft gleichermaßen zu beobachten. Entscheidend für die Bewertung solcher veränderter oder nicht typischer Betonoberflächen ist die Einstufung des Bauwerks. Bei historischen Betonkonstruktionen wird man beispielsweise einen Bewuchs oder eine verwitterte

Oberfläche vielfach als Teil des gewachsenen und damit zu bewahrenden Erscheinungsbildes ansehen. Instandsetzungsmaßnahmen sind in solchen Fällen nur dann vorzusehen, wenn die Veränderung der Betonoberfläche mit einer Beeinträchtigung der Dauerhaftigkeit, Gebrauchsfähigkeit oder Standsicherheit des Bauwerks einhergeht. Dies ist im Zuge einer gründlichen Bauwerksuntersuchung und Schadensanalyse zu klären.

Die Verwitterung von Betonoberflächen hat ihre Ursache im Wesentlichen in der Beanspruchung durch klimatische Einflüsse und Luftschadstoffe. Zu den maßgeblichen Mechanismen gehören wechselnde Eigenspannungszustände durch Temperatur- und Feuchtigkeitswechsel, Frost-Tau-Wechselbeanspruchungen sowie Lösungs- und Auslaugungsprozesse (Abbildung 1). Beläge auf Betonoberflächen treten in Form von Ausblühungen, Verschmutzungen oder Bewuchs auf. Im Einzelnen können diese Erscheinungsformen auf komplexen Mechanismen, die teils physiochemischer und biochemischer Natur sind, beruhen, bei denen stets das Vorhandensein bzw. der Transport von Feuchtigkeit eine ursächliche Rolle spielt. Hohlraumreiche Randzonen, so genannte Kiesnester, beruhen auf einem Herstellungs- oder Verarbeitungsmangel des Betons und sind nur dann als Schaden einzustufen, wenn sie tiefreichend sind und durch die fehlende Dichtheit dieser Bereiche die Dauerhaftigkeit der Konstruktion bzw. der Korrosionsschutz der Bewehrung beeinträchtigt wird. Die Oberflächenrissbildung ist meist die Folge von Eigenspannungen, die aus behinderter Schwind- oder Temperaturverformung der oberflächennahen Bereiche resultieren. In selteneren Fällen reichen die an der Oberfläche sichtbaren Risse tief in den Bauteilquerschnitt hinein, weil sie durch Zwang oder äußere Lasten hervorgerufen worden sind.

Abb. 1: Abgewitterte Betonoberflächen, Ausblühungen und Rissbildungen an der Linachtalsperre im Südschwarzwald (erbaut 1922 bis 1926). Dauerhaftigkeit und Standsicherheit sind beeinträchtigt

Das Abplatzen der Betondeckung über oberflächennaher, korrodierender Bewehrung infolge des Sprengdruckes, den die entstehenden Korrosionsprodukte bewirken, gehört zu den häufigsten, insbesondere aber zu den gravierendsten Oberflächen-

schäden an historischen Stahlbetonbauwerken, weil hierdurch immer die Dauerhaftigkeit und nicht selten auch unmittelbar die Tragfähigkeit und Standsicherheit der Konstruktion beeinträchtigt werden (Abbildung 2). Der schadensauslösende Korrosionsvorgang am Bewehrungsstahl resultiert aus dem gleichzeitigen Ablauf eines anodischen, kathodischen und elektrolytischen Teilprozesses. Der anodische Teilprozess besteht in der Stahlauflösung an der Anode. Sie kann stattfinden, wenn die üblicherweise den Stahl schützende Passivschicht aus Eisenoxid durch die Anwesenheit von Chloriden oder die Karbonatisierung der Betondeckung zerstört wird. Der elektrolytische Teilprozess besteht in der Ionenleitung, die einen hinreichend hohen Wassergehalt des Betons erfordert. Der kathodische Teilprozess führt zur Oxidation des Eisens und erfordert dementsprechend ein ausreichendes Sauerstoffangebot am Stahl.

Abb. 2: Korrodierte Bewehrung und abgeplatzte Betonoberflächen am Speisehaus der Nationen (erbaut zur Olympiade 1936 in Berlin)

An der Betonoberfläche sichtbare Schäden, insbesondere die Ausbildung von Rissen, können ihre Ursache auch in konstruktiven Mängeln oder aber einer erhöhten, nicht vorhergesehenen Beanspruchung haben. Für die Instandsetzung einer Betonoberfläche bzw. eines Betonbauwerks ist es in jedem Falle wichtig, die genaue Ursache eines Schadensbildes zu kennen, um künftigen Schädigungen nach der Instandsetzung wirksam begegnen zu können. Weitere Angaben zu typischen Schadensbildern an Betonoberflächen und deren Ursachen finden sich z. B. in [1].

3   Denkmalgerechte Betoninstandsetzung

3.1   Ziele und Merkmale

Bei einer behutsamen Betoninstandsetzung müssen technische Erfordernisse mit den zusätzlichen Anforderungen der Denkmalpflege in Einklang gebracht werden (Abbildung 3). Die Beseitigung von Schäden und Mängeln sowie die Wiederherstellung der Dauerhaftigkeit muss dabei folgenden maßgeblichen Randbedingungen genügen:

- Minimierung der Eingriffe in die Bausubstanz,
- Erhaltung des architektonischen und optischen Erscheinungsbildes des Bauwerks bzw. seiner Oberflächen in der ursprünglichen Art.

Somit kann lediglich das Instandsetzungsprinzip der örtlichen Ausbesserung (Prinzip R2), gegebenenfalls in Verbindung mit der Beschichtung der Bewehrung (Prinzip C), nach [2] zur Anwendung kommen. Dabei wird man Imperfektionen der Betonoberfläche wie Kiesnester oder Lunker, aber auch einen Bewuchs, soweit technisch vertretbar, unverändert belassen.

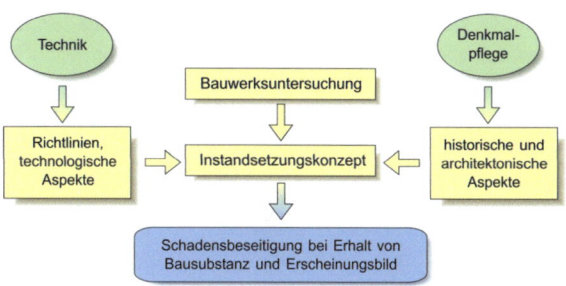

Abb. 3: Anforderungen und Merkmale einer denk-malgerechten Betoninstandsetzung

Sinnvoll ist diese Vorgehensweise jedoch nur dann, wenn der vorgefundene Schadensumfang begrenzt ist und wenn eine Prognose der künftigen Scha-densentwicklung eine hinreichende Dauerhaftigkeit sowohl der lokal instand gesetzten als auch insbe-sondere der nicht instand gesetzten Oberflächenbe-reiche erwarten lässt. Diese Abschätzung erfordert eine detaillierte Bauwerksuntersuchung, die im Um-fang deutlich über das übliche Maß an Voruntersu-chungen bei konventionellen Betoninstandsetzungen hinausgeht. Da bei aller Sorgfalt jedoch nicht ausge-schlossen werden kann, dass im Laufe der prognos-tizierten Lebensdauer vereinzelt noch weitere Schä-den auftreten, ist eine planmäßige Bauwerksüberwa-chung wichtiger Bestandteil des Instandsetzungs-konzeptes.

Verschiedene spezifische Merkmale weist insbe-sondere auch die Ausführung einer behutsamen Instandsetzung auf. Hierzu gehören beispielsweise die Entwicklung speziell auf die Bauwerksoberfläche abgestimmter Instandsetzungsmörtel sowie deren Verarbeitung bzw. die Oberflächenbearbeitung der reprofilierten Bereiche.

3.2 Bauwerksuntersuchung

Die Bauwerksuntersuchung lässt sich in einen bau-geschichtlichen, einen statisch-konstruktiven und einen materialtechnologischen Abschnitt gliedern.

Die materialtechnologischen Untersuchungen müssen Ergebnisse in Bezug auf die in Tabelle 1 genannten Punkte liefern, denen bei üblichen Beton-instandsetzungen meist nur sehr begrenzt nachge-gangen wird. Hierdurch wird ein repräsentatives Eigenschaftsprofil des instand zu setzenden Bau-werksbetons gewonnen, was auch für die sachge-rechte Wahl bzw. die Entwicklung eines geeigneten

Instandsetzungsmörtels von wesentlicher Bedeutung ist.

Tab. 1: Wichtige Voruntersuchungen bei behut-samen Betoninstandsetzungen

Art, Umfang und Lage der Schäden (siehe Abschnitt 2)
Lage und Umfang oberflächlich schadens-freier Bauwerksbereiche
Korrosion und Korrosionsschutz der Bewehrung in den oberflächlich nicht oder nur wenig ge-schädigten Bauwerksbereichen
Korrosionsfortschritt in den derzeit nicht oder nur wenig geschädigten Bauwerksbereichen
Textur und Abwitterungszustand der Betonober-fläche
Eigenschaften des Betons, u. a.: - Druck- und Zugfestigkeit - E-Modul - Bindemittel und Mischungsverhältnis - Farbe der Mörtelmatrix - Art, Farbe und Sieblinie der Zuschlagstoffe

Die Bauwerksuntersuchung muss sich auf alle für das Bauwerk repräsentativen Bereiche erstrecken. Weiterhin sind die in Tabelle 2 angegebenen Versu-che bzw. Untersuchungen am Bauwerk oder an aus dem Bauwerk entnommenen Proben erforderlich.

Tab. 2: Experimentelle Untersuchungen am Bau-werk und an Bauwerksproben

- Messung der Karbonatisierungstiefe
- Ermittlung der Schadstoffbelastung, z. B. Chloride
- Messung der Betondeckung der Bewehrung
- Ermittlung der Stabdurchmesser der Be-wehrung
- Ermittlung der Bewehrungsführung und des Bewehrungsgrades
- Erkundung der Ursache statisch-konstruktiv bedingter Schäden
- Überprüfung von Art und Umfang der Be-wehrungskorrosion
- Beurteilung des Gefüges der Betonde-ckungsschicht
- Beurteilung des Mikroklimas im Bauteilbe-reich
- Chemische / physikalische / mineralogische Analysen
- Prüfung der Festigkeits- und Verformungs-eigenschaften
- Erfassung des Erscheinungsbildes der Be-tonoberfläche

Die in Tabelle 2 aufgeführten Untersuchungen, deren Methodik weitgehend in [3] beschrieben wird, sind die Grundlage der Beurteilung der Dauerhaftigkeit bisher noch wenig geschädigter Bereiche sowie der Festlegung der Instandsetzungsmaßnahmen. Ein Teil der in den Tabellen 1 und 2 genannten Untersuchungen ist zudem für die statisch-konstruktive Beurteilung der Konstruktion unverzichtbar. Diese Beurteilung erfordert auch das Studium alter Konstruktionspläne, soweit diese noch vorhanden sind, sowie weitergehende Untersuchungen, die Aufschluss über Lasten, angenommene Tragsysteme bzw. lastbedingte Änderungen der Tragwirkungen und ggf. über die Möglichkeiten einer Verstärkung geben.

Die im Weiteren erforderliche qualitative und quantitative Erfassung des Erscheinungsbildes der Betonoberflächen (siehe Tabelle 2) erlaubt deren Reproduktion in den nicht original zu erhaltenden Bereichen. Die dazu notwendigen Untersuchungen gliedern sich in drei Abschnitte:

- Aufmaß der Oberflächentextur, die z. B. durch strukturierte Schalungen oder durch eine steinmetzmäßige Bearbeitung architektonisch wirkend hergestellt wurde,
- Aufmaß der Abwitterungen, die im Verlauf der Alterung der Oberflächen eingetreten sind und nun ebenfalls zum Erscheinungsbild der Gesamtfläche beitragen,
- Analyse der Farbigkeit und Helligkeit der Betonoberfläche.

Die Analyse und Beschreibung der Farbigkeit und Helligkeit der Betonoberfläche erfolgt mit Hilfe der bekannten Methoden und Gesetze der Farbmetrik (siehe Abbildung 4).

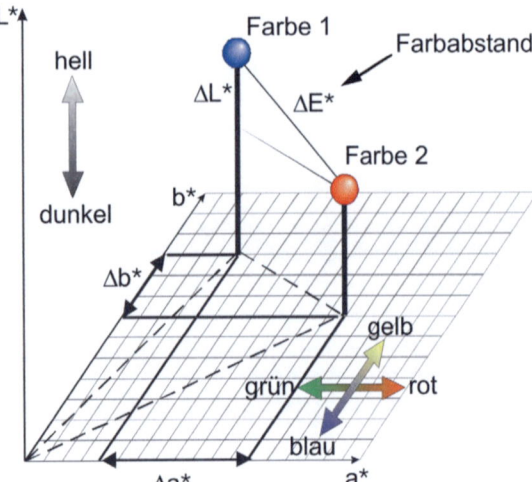

Abb. 4: Quantifizierung einer Farbe (digitales Signal) anhand der Kriterien bzw. Achsen des dargestellten CIELAB-Farbraums. Die Farbe bzw. das ihr zugeordnete digitale Signal wird mittels einer digitalen Kamera oder eines Scanners durch „Fotografieren" der historischen Betonoberfläche gewonnen

Untersuchungen am Institut für Massivbau und Baustofftechnologie der Universität Karlsruhe haben gezeigt, dass durch die Anwendung der Gesetze der Farbmetrik in Kombination mit den Möglichkeiten der modernen digitalen Bilderfassung Farbanalysen an Betonen schnell und mit der erforderlichen Genauig-

keit möglich sind. Die entwickelte Messtechnik eignet sich insbesondere auch zur Reproduktion von Färbungen bei Instandsetzungsmörteln oder -betonen [4].

3.3   Beurteilung der Standsicherheit

Die Beurteilung der Standsicherheit erfolgt auf der Grundlage der Ergebnisse der Bauwerksuntersuchungen und der Konzepte in einschlägigen Richtlinien (insbesondere DIN 1045). Die dort gegebenen Nachweisformate können oftmals aber nicht zielführend angewandt werden. In diesen Fällen sind weitergehende statische Überlegungen bis hin zu numerischen Untersuchungen und ggf. auch Belastungsversuche durchzuführen, um entweder die Tragfähigkeit bzw. Standsicherheit nachweisen oder Verstärkungsmaßnahmen planen zu können. Nähere Angaben hierzu sind in [7] enthalten.

3.4   Beurteilung der Dauerhaftigkeit

Beruht die allmähliche Zerstörung einer Betonoberfläche allein auf Verwitterungsprozessen, so kann eine hinreichend genaue Abschätzung des künftig zu erwartenden Oberflächenabtrags bzw. Schadenszuwachses meist recht einfach unter Verwendung von Potenzgesetzen gewonnen werden [4]. Diese sind unter Berücksichtigung der am Bauwerk gegebenen Randbedingungen aufzustellen.

Schwieriger ist die Prognose der Dauerhaftigkeit bezüglich der Korrosion der oberflächennahen Bewehrung. Dies gilt sowohl für Oberflächenbereiche, die im ursprünglichen Zustand belassen werden, als auch für jene, in denen eine örtliche Instandsetzung erfolgt, weil unter ungünstigen Umständen hierdurch korrosionsfördernde Bedingungen in den angrenzenden Bereichen geschaffen werden können.

Bei den Korrosionsprozessen der oberflächennahen Bewehrung historischer Betonkonstruktionen liegt praktisch immer ein ausreichendes Sauerstoffangebot am Stahl vor. Die Zerstörung der Passivschicht ist bei diesen Bauwerken nur selten auf lokal vorhandene oder eingetretene Chloride, sondern auf die Karbonatisierung der Randzone infolge ungenügender Betondeckung und/oder geringer Betonqualität zurückzuführen. Daher beruht eine Abschätzung der künftig zu erwartenden Korrosion auf der Erfassung und Prognose des Karbonatisierungsfortschrittes in Verbindung mit dem Feuchtehaushalt bzw. den Voraussetzungen für die Bewehrungskorrosion am betrachteten Bauteil.

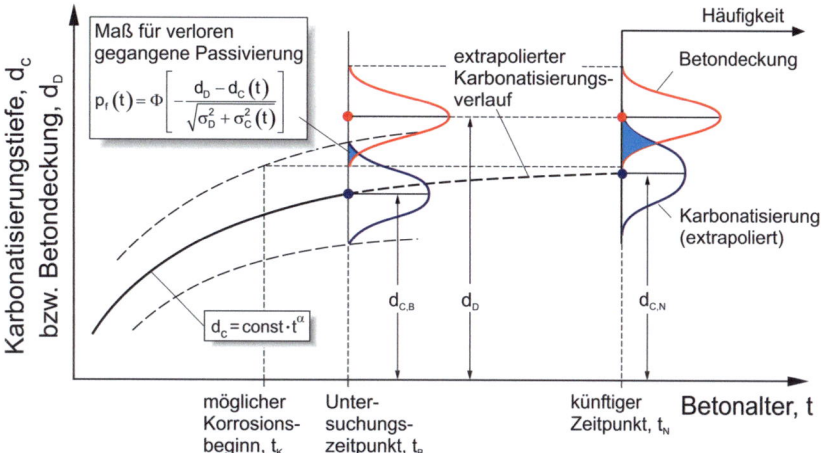

Abb. 5: Schematische Darstellung der zeitlichen Entwicklung der Karbonatisierung des Betons – Mittelwerte und Streubereiche der Karbonatisierungstiefe d_C und der Betondeckung d_D. Formeln: p_f = Versagenswahrscheinlichkeit; Φ = statistische Funktion; σ = Standardabweichung; t = Zeit; α = Konstante

Entsprechend der schematischen Darstellung in Abbildung 5 kann aus Untersuchungen zur Karbonatisierung des Betons und zur Qualität der Betonrandzone unter Berücksichtigung des lokalen Mikroklimas der zeitliche Verlauf der Karbonatisierungstiefe anhand einfacher Beziehungen abgeschätzt und extrapoliert werden [4]. Unter Verwendung der ebenfalls erfassten Werte der Betondeckung lässt sich aus dem vorhandenen Überschneidungsbereich der beiden Häufigkeitsverteilungen ein Maß für die Häufigkeit verloren gegangener Passivierung der oberflächennahen Bewehrung abschätzen. Das ermittelte Ergebnis ist mit dem in den Voruntersuchungen erfassten Umfang der Bewehrungskorrosion zu korrelieren bzw. gemeinsam zu beurteilen und für die Dauerhaftigkeitsprognose zu bewerten.

Bei fehlender Passivierung des Bewehrungsstahls und vorhandenem Sauerstoffangebot wird eine Korrosion dann einsetzen, wenn der Feuchtegehalt im Beton hinreichend hoch ist. Andererseits kommt die Korrosion bei sehr hohen Feuchtegehalten zum Stillstand, weil dann der Sauerstoffnachschub zur Kathode unterbunden wird. Daher sind größere Korrosionsraten nur bei Feuchtegehalten des Betons zu erwarten, die sich bei einer relativen Umgebungsfeuchte von ca. 85 bis 95 % einstellen [5]. Besonders günstige Korrosionsbedingungen liegen vor, wenn Wasser periodisch auf den Beton einwirken kann, wie dies bei Schlagregen oder Kondensatbeaufschlagung der Fall ist.

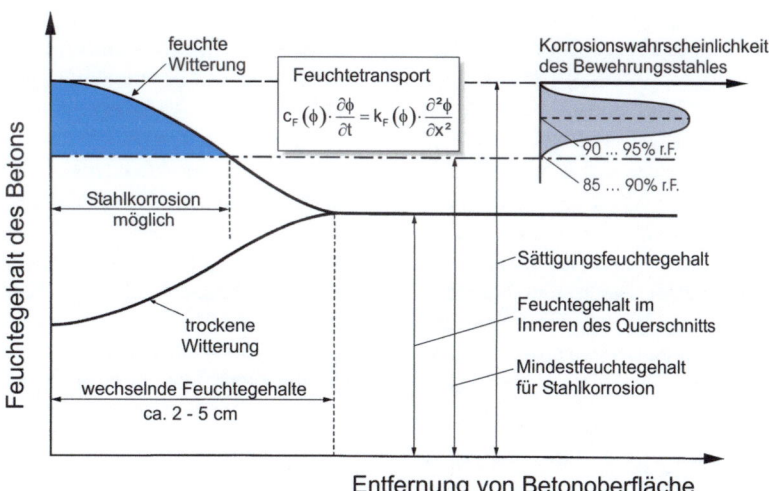

Abb. 6: Schematische Darstellung des Feuchtegehalts von Beton in Abhängigkeit von der Entfernung von der Betonoberfläche bei einem frei bewitterten Betonbauteil; *rechts oben:* schematische Darstellung der Korrosionswahrscheinlichkeit in Abhängigkeit vom Feuchtegehalt. Formel: Φ = Feuchtepotenzial; c_F, k_F = Materialkennwerte; t = Zeit; x = Ortskoordinate (Entfernung von Betonoberfläche)

Abbildung 6 zeigt schematisch den Feuchtegehalt des Betons in Abhängigkeit von der Tiefe unter der Betonoberfläche für ein frei bewittertes Betonbauteil. Veränderliche Feuchtegehalte infolge der Bewitterung treten in Abhängigkeit von der Betonqualität und dem Feuchteangebot oftmals nur relativ nahe der Oberfläche auf. In tieferen Bereichen kann der Feuchtegehalt unter den für die Stahlkorrosion erforderlichen Wert absinken. Daher ist auch in der Praxis an frei bewitterten Oberflächen häufig zu beobachten, dass trotz tiefgreifender Karbonatisierung nicht zwangsläufig eine Korrosion depassivierter Bewehrung vorhanden ist.

Im Zuge der Abschätzung der Korrosionswahrscheinlichkeit und möglicherweise zukünftig auftretender Schäden sind noch einige weitere Aspekte zu berücksichtigen. So besteht zwischen dem Karbonatisierungsfortschritt und dem Feuchtegehalt des Betons eine Wechselbeziehung, die auch von der Zusammensetzung des Betons abhängt. Im Weiteren führen die Korrosion der Bewehrung und die mit den Korrosionsprodukten entstehenden Sprengdrücke nur dann zu Schäden an der Betonoberfläche, wenn der Verhältniswert aus Betondeckung zu Stabdurchmesser kleiner 2 ist; siehe hierzu auch [4]. Detaillierte Angaben zur Methodik der Prognose der Dauerhaftigkeit sind in [9] (Beitrag in diesem Tagungsband) enthalten.

Wie bereits oben dargelegt, kommt bei der behutsamen Instandsetzung vor allem das Prinzip R2 nach [2] zur Anwendung. Sofern es geometrische und optische Gegebenheiten in der Praxis nicht erlauben, den Instandsetzungsmörtel in ausreichender Dicke aufzutragen, muss zur Gewährleistung einer langfristigen Dauerhaftigkeit zusätzlich ein stahlbaumäßiger Korrosionsschutz entsprechend dem Prinzip C vorgesehen werden. Da man auf eine abschließende Dünnbeschichtung der Oberflächen verzichten muss, ist unter den genannten Bedingungen einer möglichen Makroelementbildung am Bewehrungsstahl besondere Aufmerksamkeit zu schenken. Ein solches Korrosionselement kann auftreten, wenn eine depassivierte Bewehrung bei der Instandsetzung nur bereichsweise durch alkalischen Mörtel passiviert oder durch eine Beschichtung korrosionsgeschützt wird. Bei korrosionsfördernden Bedingungen können hohe Korrosionsraten insbesondere dann entstehen, wenn das Flächenverhältnis Kathode/Anode groß ist. Hinweise zur Begegnung dieser Problematik und weitere Angaben finden sich in [4].

3.5 Instandsetzungsmörtel und -beton

Da der Instandsetzungsmörtel bzw. -beton mit keiner Materialschicht überzogen wird, müssen seine Eigenschaften neben technologischen Anforderungen auch weitergehende Anforderungen erfüllen, die das Erscheinungsbild der Reprofilierungsstelle betreffen.

Wichtige Anforderungen an den Instandsetzungsmörtel sind in Abbildung 7 (links) zusammengefasst. Sie betreffen sowohl die Frischmörtel- (Ver-

arbeitbarkeit, Modellierbarkeit) als auch Festmörteleigenschaften (mechanische Eigenschaften, Dauerhaftigkeit und optisches Erscheinungsbild). Die Eigenschaften des Instandsetzungsmörtels bzw. -betons müssen auf die Eigenschaften des Bauwerkbetons abgestimmt sein. Grundsätzlich sollte die Zusammensetzung eines Instandsetzungsmörtels bzw. -betons weitestgehend jener des Bauwerksbetons entsprechen. Die Festlegung des spezifischen Anforderungsprofils für den zu verwendenden Instandsetzungsmörtel oder -beton bzw. die darauf aufbauende Entwicklung eines Mörtels bzw. Betons mit spezifischen Eigenschaften ist mit einer Bemessungsaufgabe vergleichbar. Nähere Angaben hierzu werden in diesem Tagungsband [10] geben.

Zur Erzielung einer hohen Dauerhaftigkeit lokaler Instandsetzungsmaßnahmen ist unter anderem den sog. Plombenbildungen, d. h. dem an freien Rändern oder am Rand von Reprofilierungsstellen beginnenden, reißverschlussartigen Ablösen des Reprofilierungsmörtels vom Bauwerksbeton, zu begegnen. Die hierfür verantwortlichen Spannungszustände sind in Abbildung 7 (rechts) skizziert. Im oberen Bildteil ist eine Draufsicht auf eine Mörtelstelle, im unteren Bildteil ein Schnitt durch diesen Bereich dargestellt. Das Schwinden des Reparaturmörtels bewirkt nicht nur oberflächenparallele Zugspannungen σ_{xx} im Mörtel und am Übergang Mörtel/Bauwerksbeton, sondern auch Ablösespannungen σ_{yy} senkrecht zur Oberfläche. Diese Ablösespannungen besitzen ein Maximum am Übergang zwischen Mörtel und Bauwerksbeton und fallen umso größer aus, je stärker der Mörtel schwindet bzw. je höher seine Zugfestigkeit ist. Um also Hohllagen des Mörtels zu vermeiden, muss die Verbundfestigkeit zwischen Reparaturmörtel und Bauwerksbeton umso höher sein, je höher die Zugfestigkeit des Mörtels ist. Eine feine Schwindrissbildung im Mörtel würde andererseits die Zugspannungen reduzieren, ohne die Dauerhaftigkeit zu beeinträchtigen. Wenn man nun den Zusammenhang zwischen der maximalen Zugspannung σ_{xx} und der maximalen Ablösespannung σ_{yy} kennt (siehe [10] bzw. [11]), lässt sich für den Reparaturmörtel eine Obergrenze der zulässigen Zugfestigkeit angeben, so dass Hohllagen des Mörtels vermieden werden. Hierbei kann vereinfachend angenommen werden, dass die maximal aufnehmbare Ablösespannung σ_{yy} (= Verbundfestigkeit) der Oberflächenzugfestigkeit des Bauwerksbeton entspricht.

Aus diesen Ausführungen wird deutlich, dass die Zugfestigkeit, aber auch andere Mörteleigenschaften gezielt eingestellt werden müssen. Die Einstellung der technologischen Eigenschaften der Reparaturmörtel und Reparaturbetone erfolgt insbesondere über den Wasserzementwert, das Bindemittel/Zuschlag-Verhältnis, die gezielte Einführung von Luftporen oder sog. Mikrohohlkugeln, die Zugabe wasserabweisender Stoffe und die Zugabe von Kunststoffdispersionen (siehe [10]).

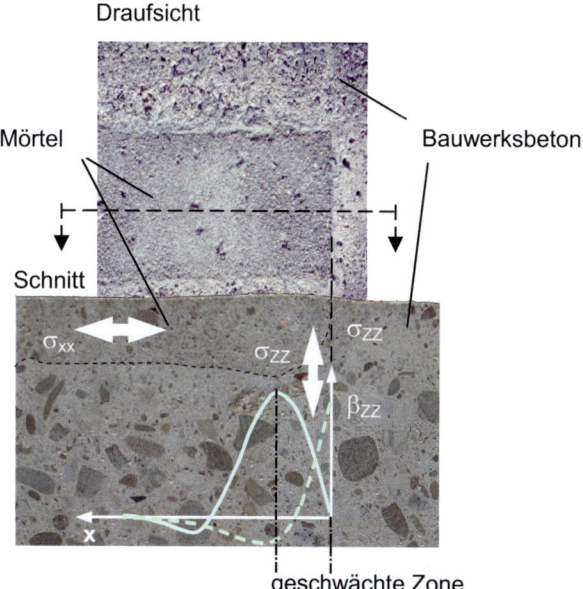

Eigenschaften des Mörtels:

- gute Verarbeitbarkeit,Modellierbarkeit
-
- angepasste Festigkeits-, Verbund-
  und Verformungseigenschaften

- Angepasste Dauerhaftigkeit

- angepasstes optisches Erscheinungsbild; Parameter:

  – Farbe und Helligkeit
  – mechanische Bearbeitbarkeit
  – Bewitterungsverhalten
  – Alterungsverhalten

Abb. 7: Zusammenfassung des Anforderungsprofils an Instandsetzungsmörtel; *links:* geforderte Eigenschaften des Instandsetzungsmörtels; *rechts, oben:* Draufsicht auf eine mit Mörtel verschlossene Ausbruchstelle des Bauwerksbeton; *rechts, unten*: Schnitt durch Mörtelschicht und Bauwerksbeton; Darstellung des Verlaufs der senkrecht zur Oberfläche wirkenden Ablösespannungen σ_{ZZ} unmittelbar vor dem Ablösen (gestrichelte Kurve) sowie nach der Ablösung im Randbereich (durchgezogene Linie)

Die Steuerung der das Erscheinungsbild prägenden Eigenschaften erfolgt vorrangig mittels der Farbe des Zementes und eventueller Zusatzstoffe sowie der Farbe der Feinstbestandteile des Zuschlages. Mit zunehmender Intensität der zur Angleichung der Oberflächentextur der Reprofilierungsstelle an die Umgebung notwendig werdenden Bearbeitung der Oberfläche erlangen aber auch Art, Farbe und Kornanteil gröberer Zuschlagstoffe immer mehr an Bedeutung für das Erscheinungsbild der Oberfläche. Die Erzielung der gewünschten Farbe und Helligkeit des Mörtels erfolgt - wenn die originalen Betonausgangsstoffe nicht mehr zu beschaffen sind - zweckmäßigerweise durch Verwendung eines Weißzementes, geeigneter Zusatzstoffe, einer abgestimmten Mischung von Eisenoxidpigmenten und eines farblich und mineralogisch passenden Zuschlags. Zur Ermittlung der Dosierung verschiedenfarbiger Eisenoxidpigmente bietet sich eine Vorgehensweise an, die in [4] bzw. [10] beschrieben ist. Hierbei geht die am Bauwerk digital bestimmte Farbe (siehe Abbildung 4) ein.

Abbildung 8 zeigt exemplarisch das Detail einer instand gesetzten Betonoberfläche. Farbe und Struktur des reprofilierten Bereiches sind der originalen Oberfläche gut angeglichen; siehe hierzu auch [6].

Für den Instandsetzungsmörtel ist eine speziell auf ihn abgestimmte, zementgebundene Haftbrücke zu entwickeln, deren Eignung anhand entsprechender Prüfungen in Anlehnung an einschlägige Vorschriften vor dem Einsatz am Bauwerk nachzuweisen ist.

Abb. 8: Detail der instand gesetzten Betonoberfläche des Beethovensaals der Liederhalle Stuttgart (erbaut 1953). Durch Farbgebung des Mörtels, Modellierung der Oberfläche und steinmetzmäßige Bearbeitung angeglichene Reprofilierungsstelle (oben) und originale Oberfläche (unten)

41

3.6 Instandsetzungsarbeiten

Art und Umfang der Instandsetzungsarbeiten sowie ihre Ausführung hängen von spezifischen Gegebenheiten ab und sind auf der Grundlage der Ergebnisse der Bauwerksuntersuchungen bzw. der Prognose des Korrosionsfortschritts festzulegen. Wesentliche Arbeitsschritte bei der Instandsetzung von Betonoberflächen sind (siehe auch [10]):

1. Reinigen der Bauwerksoberflächen ohne nennenswerten Oberflächenabtrag in den nicht geschädigten Bereichen;

2. Festlegen der Grenzen der zu bearbeitenden Schadensbereiche. Aus architektonischen, aber auch aus technologischen Gründen erfolgt die Begrenzung i. d. R. durch gerade, sich an der Oberflächentextur orientierende Linien, z. B. Schalbrettfugen;

3. Einschneiden des Betons entlang der Grenzlinien, z. B. mit einem Trennschleifer bis maximal 5 mm Tiefe;

4. Ausstemmen des Betons zwischen den Einschnitten und Freilegen der Bewehrung bis in den nicht mehr korrosionsgefährdeten Bereich. Der durch die Einschnitte begrenzte Bereich ist erforderlichenfalls zu vergrößern;

5. Entfernen der zur Lastabtragung nicht mehr erforderlichen Bewehrung; z. B. ist meist das Schwinden abgeschlossen, so dass die hierfür vorgesehene konstruktive Bewehrung nicht mehr benötigt wird;

6. Säubern und Entrosten der verbleibenden Bewehrung;

7. Entfernen von losen und niederfesten Teilen aus der Ausbruchstelle;

8. Aufbringen eines Korrosionsschutzsystems auf den Bewehrungsstahl, sofern erforderlich;

9. Vornässen der Betonausbruchstelle und der unmittelbaren Umgebung der Ausbruchstelle;

10. Auftragen und Einbürsten einer zementgebundenen Haftbrücke auf die Oberflächen der Ausbruchstelle;

11. Einbringen eines geeigneten Instandsetzungsmörtels bzw. -betons in die Ausbruchstelle (frisch in frisch mit der Haftbrücke). Falls erforderlich, Modellieren des noch frischen Mörtels, z. B. zur Herstellung einer Schalbrettstruktur;

12. Nachbehandlung (mehrtägig) der Reprofilierungsstelle;

13. Nachbearbeitung der Reprofilierungsstelle zur Angleichung der Oberflächentextur an die Umgebung, z. B. durch Scharrieren.

Es wird deutlich, dass die aufgeführten Arbeitsschritte keine nennenswerten Unterschiede, wohl aber einige wichtige Erweiterungen zur üblichen Vorgehensweise bei einer Betoninstandsetzung beinhalten.

Hinsichtlich der Wahl und Durchführung von Verstärkungsmaßnahmen zur Wiederherstellung der Standsicherheit bzw. Tragfähigkeit wird auf das umfangreiche einschlägige Schrifttum verwiesen; siehe hierzu z. B. [8].

3.7 Qualitätssicherung

Ein Qualitätssicherungsplan (QS-Plan) sollte grundsätzlich Teil des Instandsetzungsplanes sein. Bei der behutsamen Betoninstandsetzung ist er eine unabdingbare Voraussetzung für den Erfolg der Maßnahme. Der QS-Plan erstreckt sich auf die eingesetzten Materialien und die Ausführung. Dabei muss er auch vorbereitende Probearbeiten und das Anlegen von Instandsetzungsmustern präzise vorschreiben. Da die behutsame Instandsetzung einer Betonoberfläche im Prinzip der Ausführung einer besonders schwierigen Art von „Sichtbeton" ähnlich ist, muss der QS-Plan erfahrungsgemäß einen hohen Detaillierungsgrad aufweisen, um vor unangenehmen Überraschungen möglichst sicher zu sein. Wichtig ist insbesondere auch, dass alle maßgeblich an der Instandsetzung beteiligten Parteien – insbesondere Architekt, Ingenieur, Denkmalpfleger und Ausführender – in enger Abstimmung zusammenarbeiten.

3.8 Beispiele behutsamer Betoninstandsetzungen

Es gibt sicherlich zahlreiche Betonbauwerke, die in der Vergangenheit in gewisser Weise behutsam, d. h. unter Berücksichtigung denkmalpflegerischer Auflagen, instand gesetzt wurden. Nach dem in diesem Aufsatz vorgestellten Konzept sind erstmalig - wenn auch mit sehr unterschiedlicher Vorgehensweise - die Liederhalle in Stuttgart (erbaut 1954-1956) und die Schluchseesperre im Südschwarzwald (erbaut 1929-1932) in den Jahren 1992 bzw. 1995 instand gesetzt worden. Einige weitere Beispiele für denkmalgerechte Instandsetzungen werden in den nachfolgenden Aufsätzen noch näher behandelt [12].

4 Schlussbemerkungen

Die Methodik der beschriebenen behutsamen Instandsetzung kann aufgrund der oftmals vorliegenden baulichen Verhältnisse bei historischen Betonbauwerken erfreulich häufig Anwendung finden. Zudem zeigen die gewonnenen Erfahrungen, dass auf der Grundlage des heutigen Kenntnisstandes denkmalgerechte und dauerhafte Wiederherstellungsmaßnahmen realisiert werden können, ohne dass ein für Betoninstandsetzungen üblicher Kostenrahmen gesprengt wird.

Die behutsame Instandsetzung kann jedoch nicht zur Anwendung gelangen, wenn das Ausmaß der Schäden und der künftigen Schadensentwicklung so groß ist, dass dieses Konzept aus technischen oder wirtschaftlichen Gründen nicht mehr vertretbar ist. Weiterhin ist stets die Gewährleistung der Standsicherheit des Bauwerkes das übergeordnete Kriterium. Daher sind örtliche Instandsetzungsmaßnahmen im Allgemeinen eher ungeeignet, wenn große Schäden in statisch hoch beanspruchten Bereichen auftreten. Nach heutigem Kenntnisstand sind örtliche Instandsetzungsmaßnahmen ebenfalls besonders problematisch, wenn in den Beton eingedrungene Chloride zu einer Stahlkorrosion führten, wie dies z. B. bei Brückenbauwerken der Fall sein kann.

5   Literatur

[1]   Luley, H. u. a.: Instandsetzen von Stahlbetonoberflächen. Bundesverband der Deutschen Zementindustrie (Hrsg.), Beton-Verlag GmbH, Düsseldorf, 7. Auflage, 1997

[2]   Deutscher Ausschuss für Stahlbeton: DAfStb-Richtlinie - Schutz und Instandsetzung von Betonbauteilen (Instandsetzungs-Richtlinie). Beuth Verlag GmbH, Berlin und Köln, 2001

[3]   Hillemeier, B. u. a.: Instandsetzung und Erhaltung von Betonbauwerken. In: Betonkalender 1999, Teil II, Verlag Ernst & Sohn, 1999

[4]   Müller, H. S., Günter, M. und Hilsdorf, H. K.: Instandsetzung historisch bedeutender Beton- und Stahlbetonbauwerke. Beton- und Stahlbetonbau, Bd. 95, Heft 3, S. 143 – 157, 2000, bzw. Heft 6, S. 360 – 364, 2000

[5]   Nürnberger, U.: Korrosion und Korrosionsschutz im Bauwesen. Bauverlag GmbH, Wiesbaden, 1995

[6]   Günter, M. und Hilsdorf, H. K.: Technologie der Instandsetzung der Stahlbetonfassaden des Beethovensaals der Liederhalle Stuttgart. In: Erhalten historisch bedeutsamer Bauwerke, Sonderforschungsbereich 315 der Universität Karlsruhe, Jahrbuch 1994, Verlag Ernst & Sohn, 1996

[7]   Pörtner, R.: Statische Bewertung alter Betonbauten. Forum Denkmalschutz - Kulturdenkmale aus Beton - erkennen und erhalten. Referat in Germersheim 27./28.10. 1999. Veranstalter: Südwest-Zement Leonberg

[8]   Deutscher Beton- und Bautechnik-Verein E.V.: Schützen, Instandsetzen, Verbinden und Verstärken von Betonbauteilen (SIVV-Handbuch). Fraunhofer IRB Verlag, 4. Auflage, Stuttgart, 2000

[9]   Vogel, M., Bohner, E. und Müller, H. S.: Lebensdauerprognose und Dauerhaftigkeit von Betonrandzonen. In: Instandsetzung bedeutsamer Betonbauten der Moderne in Deutschland, Tagungsband zum Symposium am 30.03.2004 an der Universität Karlsruhe; Müller, H. S. und Nolting U. (Hrsg.), Institut für Massivbau und Baustofftechnologie, Universität Karlsruhe, 2004

[10] Günter, M.: Instandsetzungswerkstoffe – Entwicklung, Eigenschaften, Verarbeitung. In: Instandsetzung bedeutsamer Betonbauten der Moderne in Deutschland, Tagungsband zum Symposium am 30.03.2004 an der Universität Karlsruhe; Müller, H. S. und Nolting U. (Hrsg.), Institut für Massivbau und Baustofftechnologie, Universität Karlsruhe, 2004

[11] Haardt, P.: Zementgebundene und kunststoffvergütete Beschichtungen auf Beton. Schriftenreihe des Instituts für Massivbau und Baustofftechnologie, Universität Karlsruhe, Heft 13, 1991

[12] Instandsetzung bedeutsamer Betonbauten der Moderne in Deutschland. Tagungsband zum Symposium am 30.03.2004 an der Universität Karlsruhe; Müller, H. S. und Nolting U. (Hrsg.), Institut für Massivbau und Baustofftechnologie, Universität Karlsruhe, 2004

Instandsetzungswerkstoffe – Entwicklung, Eigenschaften, Verarbeitung

Martin Günter

Zusammenfassung

Die Eigenschaften von Mörteln und Betonen zur Instandsetzung von Stahlbetonbauwerken müssen auf die technologischen Eigenschaften des Bauwerksbetons abgestimmt sein, wenn Schäden an den instand gesetzten Stellen vermieden werden sollen. Bei architektonisch gestalteten oder aus anderen Gründen erhaltenswerten Sichtbetonflächen kommt als weitere Forderung hinzu, dass die Mörtel dem Erscheinungsbild der Bauwerksoberflächen entsprechen bzw. die Reparaturstellen sich gut in das Gesamtbild einfügen müssen.

Kommerzielle Instandsetzungsmörtel können die Anforderungen an das Erscheinungsbild der Reparaturstellen i. d. R. nicht erfüllen. Bei alten Bauwerken gilt dies häufig auch für die technologischen Eigenschaften, da die Reparaturmörtel für die Instandsetzung moderner Betone konzipiert wurden. Es wird daher in speziellen Fällen erforderlich werden, einen auf die spezifischen Bauwerkseigenschaften abgestimmten Mörtel bzw. Beton zu entwickeln.

Zur Steuerung der technischen Eigenschaften von Instandsetzungsmörteln und -betonen stehen eine Reihe von Möglichkeiten zur Verfügung. Neben diesen wird im vorliegenden Aufsatz auch eine Methode vorgestellt, mit der rasch und ohne subjektive Einflüsse, die Farbigkeit und Helligkeit des Bauwerksbetons erfasst und mit dem Instandsetzungsmörtel bzw. –beton reproduziert werden kann. Dies bedeutet jedoch nicht, dass Erfahrung und handwerkliches Geschick der an der Reparatur beteiligten Fachleute (Architekten, Ingenieure und Handwerker) an Bedeutung für den Erfolg der Instandsetzungsmaßnahme verlieren.

1 Einführung

Für die Instandsetzung von Beton- und Stahlbetonbauwerken sind eine Vielzahl von Stoffen und Stoffsystemen kommerziell verfügbar. Diese lassen sich in folgende Gruppen einteilen:

- Mörtel für die Reprofilierung von Betonausbruchstellen und/oder für die großflächige, dicke Beschichtung von Bauteiloberflächen inklusive der zugehörigen Systemkomponenten:
  - Haftbrücke,
  - Korrosionsschutzbeschichtung des Bewehrungsstahls und ggf.
  - Feinspachtelmassen,
- Feinspachtelmassen und polymere oder mineralische Stoffe für den großflächigen, relativ dünnschichtigen Schutz von Bauwerksoberflächen sowie
- Stoffe für die Füllung von Rissen im Beton.

Die Systeme sind in ihren technischen Eigenschaften auf die Instandsetzung moderner Bauwerke und Bauteile aus Beton und Stahlbeton nach der Normenreihe DIN 1045 (DIN 1045 in der Ausgabe 1988, DIN 1045-1, EN 206-1, DIN 1045-2, DIN 1045-3 und DIN 1045-4 in der Ausgabe 2001) abgestimmt [1]. Anforderungen an die optischen Eigenschaften bestehen nicht. Da die technischen Anforderungen in relativ universell gültigen Richtlinien, Vorschriften und Lieferbedingungen, siehe [1] und [2], festgelegt sind und vor der Zulassung in einem umfangreichen Prüfprogramm nachgewiesen werden müssen, weisen alle kommerziell verfügbaren Produkte in ihrer Gruppe – unabhängig vom Produkthersteller – nahezu einheitliche Materialeigenschaften auf.

Zur Anwendung der Systeme muss der Betonuntergrund ganz bestimmte Eigenschaften in Bezug auf die Beschaffenheit der Oberflächen, die mechanischen und chemischen Eigenschaften sowie die Betonfeuchte und -temperatur aufweisen. Sind diese nicht gegeben, müssen nach Art und Umfang geeignete Maßnahmen ergriffen werden, bis dies der Fall ist. Neben einer Reinigung sind diese Maßnahmen mit einem mehr oder weniger starken Abtrag der Bauwerksoberflächen verbunden, der ganzflächig erfolgen muss, wenn Schutzmaßnahmen in Form von Beschichtungen ausgeführt werden

Bei der sog. behutsamen Betoninstandsetzung werden lediglich Schäden beseitigt ohne großflächige Schutzmaßnahmen durchzuführen. Dies bedeutet, dass die für die Reparatur der Schadstellen erforderlichen Mörtel und Betone unmittelbar der Witterung und anderen Beanspruchungen ausgesetzt sind. Die nachfolgende Tabelle 1 gibt eine Übersicht über die Beanspruchungen von frei bewitterten Instandsetzungsmörteln und -betonen.

Tab. 1: Beanspruchung von Instandsetzungsmörteln

Art der Beanspruchung	Beispiele	Mögliches Schadensbild
mechanisch	Verkehr, Bauteilverformungen	Abrieb, Schürfungen, Risse
physikalisch	Eigen- und Zwangspannungen infolge Schwind-, Quell- und Temperaturgradienten im Bauteilquerschnitt sowie Frost	Rissbildungen, Entfestigungen, Abwitterungen
chemisch	Lösender Angriff durch Wasser, Verseifung von Polymerbestandteilen, osmotische Effekte	Entfestigungen, Erweichungen, Materialabtrag
biologisch	Angriff durch Stoffwechselprodukte von Tieren und Pflanzen	Materialabtrag

Eingehendere Ausführungen zur Beanspruchung des Verbundsystems Instandsetzungsmörtel / Betonuntergrund und den in diesem Zusammenhang bedeutenden, physikalischen Beanspruchungsmechanismen sind in [3] wiedergegeben.

Angesichts dieser Beanspruchungen müssen bei lokalen Reparaturen ohne zusätzliche Schutzmaßnahmen – noch mehr als bei konventionellen Instandsetzungsmaßnahmen – die Eigenschaften des Reparaturmörtels bzw. -betons auf die spezifischen Eigenschaften des Bauwerksbetons abgestimmt sein, damit Schäden vermieden werden und sich die Reparaturstellen sowohl optisch als auch technisch nachhaltig in den Bauwerksbestand einfügen.

Kommerziell verfügbare Mörtel erfüllen diese Voraussetzungen häufig nicht, so dass es bei behutsamen Betoninstandsetzungen i. d. R. notwendig wird, spezifische, in ihren Eigenschaften auf den instand zu setzenden Bauwerksbeton abgestimmte Mörtel bzw. Betone zu entwickeln.

Im vorliegenden Beitrag wird erläutert, wie bei dieser Entwicklung vorzugehen ist, welche Eigenschaften die Instandsetzungsmörtel und -betone aufweisen müssen, wie diese beeinflusst bzw. gesteuert werden können und wie bei der Verarbeitung der Werkstoffe vorzugehen ist.

2 Technische und architektonische Eigenschaften des Bauwerksbetons

Die technischen und die das Erscheinungsbild der Oberfläche prägenden Eigenschaften des Bauwerksbetons sind abhängig von seiner Zusammensetzung, Verarbeitung, Nachbehandlung sowie von der Nachbearbeitung seiner Oberfläche nach dem Erhärten und unterliegen einer alterungsbedingten Veränderung.

Aufgrund der Normung sind die technischen Eigenschaften heutiger Bauwerksbetone klar definiert. Dies ist nicht der Fall bei Betonen, die in den Anfängen des Beton- und Eisenbetonbaus und noch bis zu den 30iger Jahren des 20igsten Jahrhunderts hergestellt wurden. Aber auch die bis zu den 60iger Jahren des vorigen Jahrhunderts verwendeten Betone weichen in ihren Eigenschaften teilweise noch deutlich von jenen moderner Betone ab.

Neben der Zusammensetzung werden die Eigenschaften des Bauwerkbetons auch durch die Alterung beeinflusst, so dass grundsätzlich eine Erkundung der *technologischen Eigenschaften* des Bauwerksbetons in allen repräsentativen Bauwerksbereichen erforderlich ist, um eine sachgerechte Auswahl der Instandsetzungsmaterialien zu ermöglichen. Erkundungswerte Eigenschaften des Bauwerksbetons sind:

- die Druck- und Zugfestigkeit,
- das Verformungsverhalten bzw. der E-Modul,
- die Art des Bindemittels und das Mischungsverhältnis.

Die das Erscheinungsbild der Betonoberfläche prägenden Eigenschaften, hierzu gehören insbesondere

- die Oberflächentextur und der Abwitterungszustand,
- die Färbung der Mörtelmatrix,
- die Art, Farbe und Sieblinie der Zuschlagstoffe,

sind ebenfalls einer alterungsbedingten Veränderung unterworfen und müssen im Rahmen von entsprechenden Voruntersuchungen sachgerecht erfasst werden.

3 Ergänzende Bauwerksvoruntersuchungen bei vorgesehenem Einsatz spezifischer Instandsetzungsmörtel und -betone

Sorgfältige und umfassende Bauwerksuntersuchungen sind eine Voraussetzung für den nachhaltigen Erfolg jeder Instandsetzungsmaßnahme. Dies gilt auch für sog. behutsame, d. h. den Eingriff in die Bausubstanz minimierende Betoninstandsetzungen, wie sie u. a. in [3], [4], [5], [6] beschrieben werden.

In Bezug auf die technologischen Eigenschaften des Bauwerksbetons sind insbesondere die Steifigkeit und die Verformbarkeit sowie die Zugfestigkeit des Betonuntergrundes von besonderer Bedeutung. Die Methoden zur Ermittlung dieser Kennwerte sind allgemein bekannt.

Nachfolgend werden daher lediglich jene Voruntersuchungen ausführlicher beschrieben, die zur Festlegung des Eigenschaftsprofils des Instandsetzungsmörtels im Hinblick auf sein Erscheinungsbild von besonderer Bedeutung sind.

Die das Erscheinungsbild der Sichtbetonoberfläche prägenden Eigenschaften, wie die Oberflächentextur oder der Abwitterungszustand, können anhand der noch erkennbaren Technik zur Gestaltung der Betonoberflächen (Schalhautabdrücke, steinmetzmäßige Bearbeitungsmethoden) in Verbindung mit einer messtechnischen Erfassung der Rauheit der Oberfläche, der Abtragtiefen und der Größe der freigelegten Zuschläge beschrieben werden.

Schwieriger stellt sich die Erfassung der Farbigkeit und Helligkeit der Betonoberfläche dar. Um hier zu objektiven Bewertungen zu gelangen, wurde eine Methode entwickelt, mit der man – unter Verwendung der Regeln und Gesetze der Farbmetrik – zu Maßzahlen gelangt, die die Farbigkeit und Helligkeit der Betonoberfläche beschreiben und eine schnellere Reproduktion dieser Farbigkeit im Instandsetzungsmörtel erlauben.

Bei dieser Methode wird das Erscheinungsbild repräsentativer Bereiche der Betonoberfläche digital erfasst. Dies kann mit Hilfe eines Flachbettscanners oder einer digitalen Kamera geschehen. Der Einsatz eines Flachbettscanners – der allerdings die Entnahme einer Probe der Randzone des Bauwerksbetons erfordert – hat den Vorteil, dass die Farberfassung unter stets gleichen Lichtverhältnissen erfolgt, was in diesem Zusammenhang von hoher Bedeutung ist. Für orientierende Untersuchungen hat sich aber auch die Verwendung einer digitalen Kamera als ausreichend erwiesen.

Auf dem digitalisierten Bild werden repräsentative Bereiche der Betonmatrix (Betonbestandteile bis ca. 2 mm Größtkorn) ausgewählt und deren durchschnittlicher Farbwert mit einer geeigneten Computer-Software ermittelt und im sog. CIELAB-System dargestellt. Die Beschreibung der Farbe erfolgt hierbei über einen

- rot-grün Wert a*
- gelb-blau Wert b* und einen
- Helligkeitswert L*.

Steigende a*-Werte kennzeichnen steigende Rotanteile und abnehmende Grünanteile der Farbe. Steigende b*-Werte kennzeichnen steigende Gelbanteile und abnehmende Blauanteile der Farbe.

Eine anschauliche Darstellung der Farbwerte bzw. des Farbabstandes verschiedener Proben kann mit Hilfe eines dreidimensionalen, rechtwinkligen Koordinatensystems erfolgen, das aus einer rot-grün Achse (sog. a*-Achse) und einer gelb - blau Achse (sog. b*-Achse) besteht. Die Helligkeit der Farbe (L*-Wert) wird in der dritten Dimension dargestellt; siehe hierzu Abbildung 1. Um die Darstellung zu vereinfachen, kann man sich – bei gleichzeitiger Nutzung von Erfahrungswerten – auf ein zweidimensionales Koordinatensystem in der sog. Farbebene beschränken, die aus den Achsen a* und b* gebildet wird.

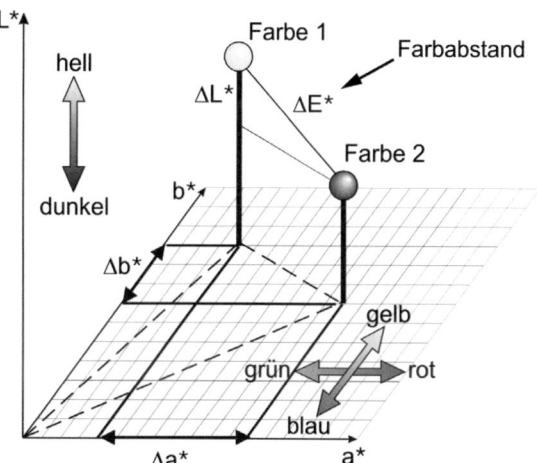

Abb. 1: Darstellung von Farbwerten im CIELAB-Farbraum nach DIN 6174

Die Erfassung der Farbigkeit der Zuschläge von etwa 2 mm Durchmesser und darüber erfolgt getrennt. Falls zweckmäßig, kann auch hierzu die beschriebene Methodik verwendet werden.

4 Festlegung der Anforderungen an den Instandsetzungsmörtel

4.1 Allgemeines

Da bei der behutsamen Betoninstandsetzung der Reparaturmörtel bzw. -beton nicht überschichtet wird, müssen seine Eigenschaften neben technologischen Anforderungen auch Anforderungen erfüllen, die das Erscheinungsbild der Reprofilierungsstelle betreffen. Lediglich bei weitgehend den heutigen Normen entsprechend hergestellten Bauwerksbetonen, bei denen das Erscheinungsbild von untergeordneter Bedeutung ist oder bei denen die Oberfläche nicht als Sichtbetonoberfläche konzipiert oder nicht als solche erhalten werden soll – dies gilt i. Allg. für Ingenieurbauwerke, an die ausschließlich hohe technische Anforderungen gestellt werden – können kommerzielle Instandsetzungsmörtel eingesetzt werden, die in einer sog. Grundprüfung das in [1], [2] im Hinblick auf die Instandsetzung moderner Bauwerksbetone aufgestellte Anforderungsprofil erfüllen müssen.

An wichtigen technologischen Anforderungen an den Instandsetzungsmörtel bzw. -beton sind zu nennen:

- eine gute Verarbeitbarkeit und Modellierbarkeit im frischen Zustand,
- eine an den Bauwerksbeton angepasste Festigkeit, Verformbarkeit und Dauerhaftigkeit,
- ein guter und dauerhafter Verbund mit dem vorhandenen Beton,
- ein sicherer Schutz der Bewehrung.

maximale Zug-Normalspannung
im Mörtel [N/mm²]

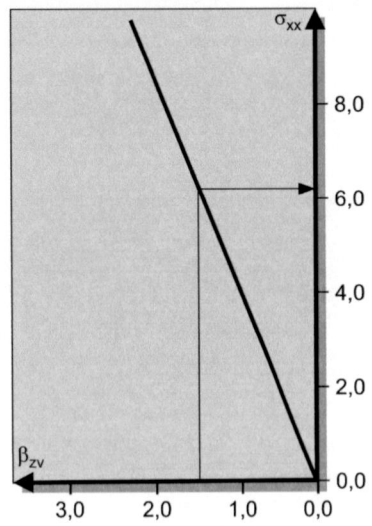

Zugfestigkeit Verbundzone [N/mm²]

einaxiale Zugfestigkeit des Mörtels [N/mm²]

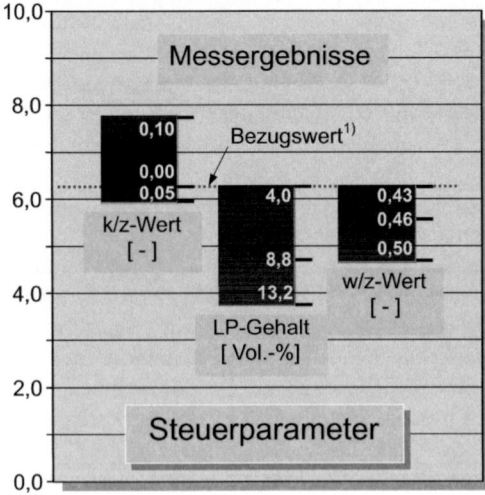

[1] Zugfestigkeit eines zementgebundenen Mörtels mit k/z = 0, LP-Gehalt = 4,0 Vol.-%, w/z = 0,43

Abb. 2: Ansatz zur „Bemessung" von Instandsetzungsmörteln hinsichtlich der Zugfestigkeit. Links: Bei gegebener Zugfestigkeit der Verbundzone maximal mögliche Zug-Normalspannung im Reprofilierungsmörtel, wenn Hohllagen des Mörtels vermieden werden sollen; nach [7]. Rechts: Ergebnisse experimenteller Untersuchungen am Institut für Massivbau und Baustofftechnologie der Universität Karlsruhe (TH) zur Steuerung der Zugfestigkeit von Instandsetzungsmörteln

Wichtige, das Erscheinungsbild der Reprofilierungsstelle betreffende Faktoren, sind:

- die Farbe und Helligkeit des Mörtels bzw. Betons,
- die mechanische, u. U. steinmetzmäßige Bearbeitbarkeit der Oberfläche,
- das Erscheinungsbild der Reparaturstelle nach der mechanischen Bearbeitung,
- die Alterung und Veränderung der Oberfläche durch Bewitterung, die wiederum von der Oberflächentextur sowie von der Porenstruktur und der Dauerhaftigkeit des Mörtels bzw. Betons abhängt.

4.2 Bemessung des Mörtels bzw. Betons

Die Festlegung eines spezifischen Anforderungsprofils für den zu verwendenden Instandsetzungsmörtel oder -beton bzw. die darauf aufbauende Entwicklung von Mörteln und Betonen mit auf das Bauwerk abgestimmten, technischen und das Erscheinungsbild prägenden Eigenschaften erfordert Kenntnisse über die Beanspruchung von Instandsetzungsmörteln und -betonen, über die maßgebenden, materialtechnologischen Zusammenhänge sowie über die auf Beton übertragbaren Grundlagen der Farbanalyse und Farbreproduktion. Sie entspricht damit vom Grundsatz her einer Bemessungsaufgabe.

Exemplarisch soll dies anhand der Festlegung einer technologischen Eigenschaft, nämlich der erforderlichen einaxialen Zugfestigkeit des Instandsetzungsmörtels aufgezeigt werden: Ist die zwischen Instandsetzungsmörtel und Beton maximal erreich-

bare Verbundfestigkeit bekannt – diese entspricht der Oberflächenzugfestigkeit des Betons, die im Zuge der Bauwerksvoruntersuchungen zu ermitteln ist – so kann anhand Abbildung 2, linker Teil, angegeben werden, wie hoch die einaxiale Zugfestigkeit des Reparaturmörtels – diese entspricht der maximal möglichen Zug-Normalspannung im Mörtel – maximal sein darf, wenn Hohllagen des Mörtels vermieden werden sollen. Bei einer Verbundfestigkeit zwischen Reparaturmörtel und Beton bzw. einer Oberflächenzugfestigkeit des Bauwerksbetons von ca. 1,5 N/mm² sollte die einaxiale Zugfestigkeit des Mörtels demnach nicht mehr als etwa 6,1 N/mm² betragen. Die untere Grenze der Zugfestigkeit wird durch die Forderung nach einer an den Bauwerksbeton angepassten Dauerhaftigkeit des Mörtels bestimmt.

5 Steuerung der Eigenschaften von Instandsetzungsmörteln/-betonen

Zur Steuerung der technologischen und der das Erscheinungsbild prägenden Eigenschaften von Mörteln und Betonen zur Reparatur von Beton und Stahlbetonoberflächen stehen eine Reihe von Werkzeugen zur Verfügung, die nachfolgend in ihren Grundzügen aufgezeigt werden.

5.1 Technische Eigenschaften

Die Einflussparameter auf die technologischen Eigenschaften zementgebundener Baustoffe sind in den Grundzügen aus der Betontechnologie bekannt.

Tabelle 2 beschreibt die wichtigsten Zusammenhänge und zeigt, dass dem Technologen eine große

Palette von Möglichkeiten zur Steuerung der technischen Eigenschaften eines Instandsetzungsmörtels zur Verfügung stehen.

Untersuchungen am Institut für Massivbau und Baustofftechnologie der Universität Karlsruhe (TH) zeigten, dass neben der Zugabe von Polymerdispersionen oder Reaktionskunststoffen (wodurch die sog. PCCs entstehen), auch die Zugabe luftporenbildender Zusatzmittel oder sogenannter Mikrohohlkugeln, die Variation des Wasserzementwertes, die Wahl der Zuschlagstoffe und die Verwendung spezieller anorganischer Zusatzstoffe geeignete betontechnologische Maßnahmen sind, um die Eigenschaften von Instandsetzungsmörteln und -betonen so zu beeinflussen, dass sie für den Einsatz an Beton- und Stahlbetonbauteilen mit den unterschiedlichsten Eigenschaften verwendet werden können. Dies kommt dem Denkmalschützer entgegen, der bestrebt ist, bei der Instandsetzung sehr alten Sichtbetons auf den Einsatz moderner Werkstoffe wie z. B. Kunststoffen zu verzichten. Aber auch in technologischer Hinsicht kann ein Verzicht auf polymermodifizierte Werkstoffe von Vorteil sein, wenn man an den Einsatz der Mörtel in häufig oder ständig durchfeuchteten Bauteilbereichen oder an den Einsatz zur Wiederherstellung und Erhöhung der Tragfähigkeit und des Brandschutzes denkt. Eine Bemessung der Mörtel und Betone im Hinblick auf ihre mechanischen und physikalischen Eigenschaften ist somit auf vielfältige Art und Weise möglich.

Der rechte Teil von Abbildung 2 zeigt einaxiale Zugfestigkeiten verschiedener Mörtel. Bei den entsprechenden Untersuchungen wurde, ausgehend von einem Referenzmörtel mit einem Kunststoff/Zement-Verhältnis von k/z = 0, einem Luftgehalt von LP = 4,0 Vol.-% und einem Wasserzementwert W/Z = 0,43 (punktierte Linie), jeweils einer dieser Parameter variiert und die dadurch erzielte Biege-

zugfestigkeit des Mörtels ermittelt und anschließend in eine einaxiale Zugfestigkeit umgerechnet.

In entsprechender Weise wurden auch Möglichkeiten entwickelt, den E-Modul, die kapillare Wasseraufnahme und den Diffusionswiderstand der Instandsetzungsmörtel gegenüber Wasserdampf und Kohlendioxid gezielt zu beeinflussen. Abbildung 3 zeigt exemplarisch den Einfluss der o. g. Parameter auf den Elastizitätsmodul von Instandsetzungsmörteln.

5.2 Eigenschaften, die das Erscheinungsbild prägen

Weniger Beachtung wurde in der Vergangenheit den Methoden geschenkt, mit denen der Reparaturstelle gezielt ein auf den umgebenden Bauwerksbeton angepasstes Erscheinungsbild gegeben werden kann. Dies liegt daran, dass bei der ausschließlich technologisch ausgerichteten Betoninstandsetzung das Aussehen der Instandsetzungsstellen keine Bedeutung besitzt, solange die technologischen Anforderungen erfüllt werden bzw. die Betonoberflächen im Zuge der Instandsetzung ganzflächig überspachtelt und mit einem Anstrich versehen werden. Dies darf bei erhaltenswerten oder denkmalgeschützten Sichtbetonoberflächen selbstverständlich nicht erfolgen, wenn andere Möglichkeiten der Instandsetzung zur Verfügung stehen und einsetzbar sind.

Entscheidend für das farbliche Erscheinungsbild einer glatten Oberfläche des Reprofilierungsmörtels/-betons (Schalfläche oder geglättete Oberseite) ist die Farbigkeit des Zementsteins in Verbindung mit eventuell zugegebenen Zusatzstoffen. Mit zunehmender Intensität der zum Angleich der Textur der Reparaturstelle an die umgebenden Betonoberflächen durchgeführten steinmetzmäßigen Bearbeitung bzw. mit zunehmender Abwitterung der Zementhaut auf der Reparaturstelle, erlangen Art, Farbe und Kornanteil der Zuschlagstoffe des Reparaturmörtels mehr und mehr an Bedeutung für das Erscheinungsbild der Oberfläche. Bei vorgegebener Abtragstiefe hängt der Einfluss des Anteils des freigelegten Zuschlags und dessen Farbigkeit auf den Gesamteindruck der Reparaturstelle auch von der Entfernung des Betrachters von der Betonoberfläche ab.

Die Beeinflussung der Oberflächentextur – und damit bedingt auch der Helligkeit und Färbung der Oberfläche – erfolgt durch die Herstellung von Schalungsabdrücken im noch frischen Mörtel oder durch eine nachträgliche steinmetzmäßige Bearbeitung der Oberfläche.

Bei der Reproduktion der Farbigkeit der Betonoberfläche in einem Instandsetzungsmörtel/beton hat es sich als zweckmäßig erwiesen, zunächst die Mörtelmatrix des Betons zu betrachten bzw. beim Instandsetzungsmörtel bzw. -beton nachzustellen und erst in einem zweiten Schritt die Farbigkeit auch der größeren Zuschläge des Mörtels auf den Bestand abzustimmen. Die Größe der im Instandsetzungsmörtel einzusetzenden Zuschläge hängt von der

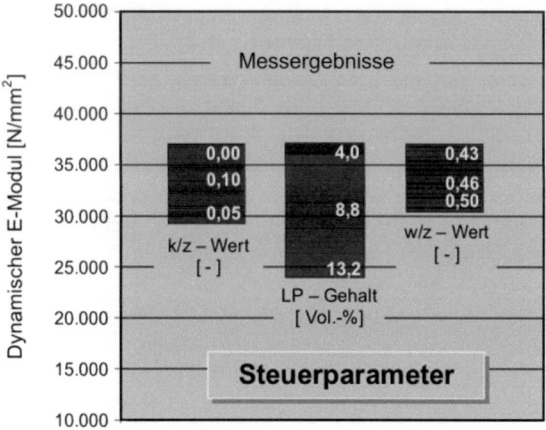

Abb. 3: Ergebnisse experimenteller Untersuchungen am Institut für Massivbau und Baustofftechnologie der Universität Karlsruhe (TH) zur Steuerung des Elastizitätsmoduls von Instandsetzungsmörteln

Dicke der Reprofilierungsschicht ab, wobei allerdings – sofern die Dauerhaftigkeit sichergestellt werden kann – auch größere Zuschläge als etwa 1/2 bis 1/3 der Schichtdicke verwendet werden können.

Die Reproduktion des Farbtons der Mörtelmatrix des Betons erfolgt – wenn die originalen Betonausgangstoffe nicht mehr zu beschaffen sind – zweckmäßigerweise durch Verwendung eines Weißzementes, geeigneter Zusatzstoffe, einer abgestimmten Mischung aus Eisenoxidpigmenten und eines farblich und mineralogisch passenden Zuschlags. Die Gesamtpigmentierung liegt bei der Reproduktion nicht künstlich eingefärbter Betone i. d. R. deutlich unter 1,0 M.-%, so dass bei der Pigmentzugabe eher von einer gezielten „Verunreinigung" des Weißzementes mit Eisenoxiden, die andere Zemente in natürlicher Form enthalten, als von einer Einfärbung des Instandsetzungsmörtels bzw. -betons gesprochen werden kann. Selbstverständlich lassen sich, durch Erhöhung der Pigmentierung, auch „farbige" Betone nachstellen.

Um die Reproduktion der Farbe und Helligkeit des Betons in einem Instandsetzungsmörtel zu erleichtern, wurden in experimentellen Untersuchungen – unter systematischer Variation des Mischungsverhältnisses dreier Eisenoxidpigmente bei ansonsten gleichbleibender Mischungszusammensetzung – Mörtel hergestellt und farblich auf die in Kapitel 3 beschriebene Art und Weise erfasst.

Bei der Darstellung der Ergebnisse in der Farbartebene, die durch einen konstanten L*-Wert gekennzeichnet ist, ergibt sich in erster Näherung ein sog. Farbartdreieck, dessen Eckpunkte den Pigmentmischungsverhältnissen 100/0/0, 0/100/0 bzw. 0/0/100 der drei Pigmente entsprechen und dessen Lage und Größe im Farbraum von weiteren Parametern der Mörtelzusammensetzung (wie z. B. dem W/Z-Wert, dem Gehalt an weiteren Mörtelzusatzstoffen) sowie von der Art und Intensität der Oberflächenbearbeitung abhängt und für jeden dieser Parameter getrennt bestimmt werden muss.

Die in Abbildung 4 eingetragenen Datenpunkte (Kreissymbole), welche bestimmten experimentell eingestellten Pigmentmischungsverhältnissen entsprechen, liegen nicht in allen Fällen an den Stellen des Gitternetzes, das sich bei Aufteilung des Farbartdreiecks nach den Schwerpunktregeln für additive Farbmischungen ergibt (durchgezogenen Linien in 10 % Schritten). Die experimentellen Datenpunkte liegen i. d. R. zu nahe am „schwarzen Eckpunkt" des Farbartdreiecks. Die genauen Verhältnisse lassen sich durch eine Erhöhung der Anzahl an Proben mit

unterschiedlichen Pigmentmischungen bzw. deren Farbanalyse darstellen.

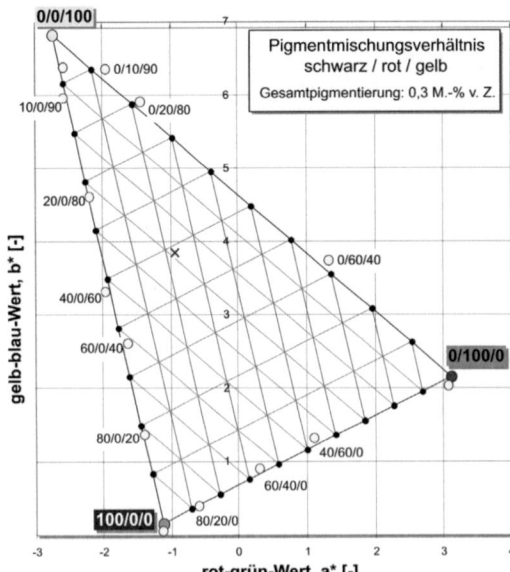

Abb. 4: Mischungsverhältnisse dreier Eisenoxidpigmente zur Erzielung bestimmter Oberflächenfärbungen bei definierter Zusammensetzung und Oberflächenbearbeitung des Instandsetzungsmörtels. Darstellung der sich ergebenden Farben in der Farbartebene (CIELAB-System)

Sind die Farbwertzahlen des Bauwerksbetons aus entsprechenden Voruntersuchungen bekannt (z. B. der Datenpunkt mit x-Symbol), siehe Kapitel 3, so kann jedoch auch mit Hilfe des linear aufgeteilten Gitternetzes jenes Pigmentmischungsverhältnis angegeben werden, das mit sehr guter Näherung die gewünschte Mörtel- bzw. Betonfarbe liefert. Erforderlichenfalls können ausgehend von diesem Mischungsverhältnis weitere Feinabstimmungen der Farbe vorgenommen werden.

Die Auswahl der Zuschlagstoffe für den Instandsetzungsmörtel bzw. -beton und die Festlegung der Korngrößenverteilung erfolgt auf der Grundlage einer entsprechenden Auswertung der materialtechnologischen Voruntersuchungen am Bauwerksbeton und unter Beachtung der aus technologischen Forderungen resultierenden Randbedingungen.

6 Verarbeitung der Mörtel und Betone

Wie die Festmörtel(beton)eigenschaften können auch die Frischmörtel(beton)eigenschaften durch geeignete betontechnologische Maßnahmen auf die örtlichen Erfordernisse abgestimmt werden. Der Einbau des Mörtels in die Betonausbruchstelle ist sowohl im Handauftrag als auch durch Spritzen möglich. Die Arbeitstechniken sind die gleichen wie bei kommerziellen Mörteln, so dass auf weitere Ausführungen hier verzichtet werden kann.

Zusätzlich können die speziell entwickelten Mörtel und Betone aber auch so verflüssigt werden, dass sie ohne oder nur mit geringem Verdichtungsaufwand in vorbereitete Schalungen gegossen werden können.

Die Betonausbruchstellen werden durch auf wenige Millimeter Tiefe beschränkte, aufgeraute Einschnitte in die Betonrandzone begrenzt. Hierdurch werden unkontrollierte Betonausbrüche beim Stemmen vermieden und definierte Anschlüsse des Mörtels in der erforderlichen Mindestschichtdicke an den umgebenden Beton sichergestellt. Der Rand der Reparaturstelle erhält so eine hohe Verbundfestigkeit zum anschließenden Bauwerksbeton und eine ausreichende Widerstandsfähigkeit gegenüber klimatischen und mechanischen Beanspruchungen.

Ferner können durch diese Vorgehensweise einspringende Ecken des Bestandes in die Reparaturstelle und dadurch verursachte Spannungskonzentrationen bei der Erhärtung des Reparaturmörtels und bei der Witterungsbeanspruchung zielsicher vermieden werden.

Wie bei allen zementgebundenen Werkstoffen können optimale Werkstoffeigenschaften auch bei den speziell auf das Bauwerk abgestimmten Mörteln und Betonen nur bei ausreichend langer und richtiger Nachbehandlung erzielt werden. Die aus der Betontechnologie bekannten Kriterien sind zu beachten.

Tab. 2: Möglichkeiten zur Steuerung der Eigenschaften von Instandsetzungsmörteln und -betonen

Steuerparameter		Festigkeit		Verformung			Dauerhaftigkeit	Korrosionsschutzwirkung	Erscheinungsbild der Oberfläche			
		Druckfestigkeit	Zugfestigkeit	E-Modul	Zugbruchdehnung	Thermische Dehnung			Textur	Farbe / Helligkeit	Saugfähigkeit	Verschmutzungsneigung
Zement-stein	W/Z-Wert	x	x	x			x	x		x	x	
	Zementart						x	x		x		
	Zement-farbe									x		
Zusatzmittel								x			x	
Farbpigmente										x		
Zusatzstoffe		x	x	x	x		x	x		x	x	
Polymergehalt		x	x	x	x	x	x	x			x	
Zuschlag	Art	x		x		x	x	x	(x)	(x)		
	Form	x	x									
	Farbe									(x)		
Zementstein / Zuschlag-Verhältnis		x		x		x	x		(x)	(x)	x	
Luftgehalt	Zusatz-mittel	x	x	x	(x)		x	x			x	
	Mikrohohl-kugeln	x	x	x	(x)		x	x			x	
Nachbehandlung		x	x		x		x	x			x	
Schalung	Saug-fähigkeit						x			x		
	Struktur								x			x
Nachbe-arbeitung	Waschen								x	x		x
	Sand-strahlen								x	x		x
	Schleifen								x	x		x
	Stocken								x	x		x

7 Weitere Instandsetzungswerkstoffe

Für den auf das Bauwerk abgestimmten Instandsetzungsmörtel bzw. -beton ist ergänzend eine zementgebundene Haftbrücke zu entwickeln. Als Korrosionsschutzbeschichtung der Bewehrung können kommerzielle grundgeprüfte, zementgebundene Systeme verwendet werden. Für die ggf. notwendige Injektion von Rissen haben sich kommerzielle grundgeprüfte Zementleime oder Zementsuspensionen bewährt.

8 Grundprüfungen

Sowohl die entwickelten Mörtel und Betone als auch die Haftbrücken müssen allen erforderlichen technologischen und optischen Anforderungen genügen. Dies ist vor dem Einsatz am Bauwerk in sog. Grundprüfungen nachzuweisen.

Diese Grundprüfungen sind in Anlehnung an die einschlägigen Prüfvorschriften, siehe [1], [2], durchzuführen, müssen in ihrem Umfang und den zu erfüllenden Anforderungen aber auf das jeweils vorliegende Bauwerk abgestimmt werden. Im Gegensatz zu den kommerziellen „grundgeprüften" Mörteln im Sinne der Richtlinien [1], [2], die für die Instandsetzung von Sichtbetonflächen und dabei insbesondere auch jenen von alten Bauwerken aufgrund ihrer technologischen und das Erscheinungsbild prägenden Eigenschaften häufig nicht geeignet sind, gelten die hier angesprochenen Grundprüfungen zwangsläufig nur für das untersuchte Bauwerk.

9 Literatur

[1] Deutscher Ausschuss für Stahlbeton: DAfStb-Richtlinie für Schutz und Instandsetzung von Betonbauteilen (Instandsetzungsrichtlinie). Teile 1 bis 4 [8] (Ausgabe Mai 2001), Beuth Verlag GmbH, Berlin und Köln

[2] Zusätzliche Technische Vertragsbedingungen und Richtlinien für Schutz und Instandsetzung von Betonbauteilen (ZTV-SIB 90). Hrsg.: Der Bundesminister für Verkehr, Bonn, 1990

[3] Müller, H. S. (2004) Denkmalgerechte Betoninstandsetzung – Überblick und technisch-wissenschaftliche Grundlagen. Berichtsband zum technisch-wissenschaftlichen Symposium „Instandsetzung bedeutsamer Betonbauten der Moderne in Deutschland" am 30.03.2004 in Karlsruhe

[4] Müller, H. S., Günter, M., Hilsdorf, H.K. (2000) Instandsetzung historisch bedeutender Beton- und Stahlbetonbauwerke. Beton- und Stahlbetonbau 95, 2000, Heft 6, Seiten 360-364

[5] Günter, M., Müller, H.S., Hilsdorf, H.K. (1998) Investigations and Repair of Old Culturally Valuable Concrete Structures. Im Berichtsband zum IABSE Colloquium "Saving Buildings in Central and Eastern Europe", Berlin, Juni 4-5, 1998

[6] Günter, M. (2004) Durchführung, Kosten und Dauerhaftigkeit behutsamer Betoninstandsetzungen. Berichtsband zum technisch-wissenschaftlichen Symposium „Instandsetzung bedeutsamer Betonbauten der Moderne in Deutschland" am 30.03.2004 in Karlsruhe

[7] Haardt, P. (1991) Zementgebundene und kunststoffvergütete Beschichtungen auf Beton. Schriftenreihe des Institutes für Massivbau und Baustofftechnologie der Universität Karlsruhe, Heft 13, 1991

Lebensdauerprognose und Dauerhaftigkeit von Betonrandzonen

Michael Vogel, Edgar Bohner und Harald S. Müller

Zusammenfassung

Die Instandsetzung und Erhaltung bedeutsamer Betonbauten der Moderne erfordern die Entwicklung und Anwendung geeigneter Methoden zur Prognose der Dauerhaftigkeit bzw. Lebensdauer. Nutzung und umweltbedingte Schädigungsprozesse begrenzen die nutzbare Bauwerkslebensdauer. Die Nutzungsdauer eines Bauwerks endet, wenn eine definierte Schädigungsgrenze erreicht bzw. überschritten wird. Die Ermittlung des voraussichtlichen Zeitpunktes, an dem dieser Grenzzustand eintritt, kann unter Verwendung geeigneter Schädigungs-Zeit-Gesetze in Verbindung mit probabilistischen Methoden bewerkstelligt werden. Um bei der Instandsetzung von Sichtbetonflächen die Eingriffe in die Bausubstanz auf das technisch notwendige Mindestmaß zu begrenzen, muss der Zustand geschädigter sowie ungeschädigter Bauwerksoberflächen genau erfasst und die zukünftige Schadensentwicklung möglichst präzise abgeschätzt werden. Auf der Grundlage der Ergebnisse zahlreicher Untersuchungen am Bauwerk und im Labor sind numerische und statistische Methoden kombiniert anzuwenden, um eine Abschätzung der zeitlichen Entwicklung und des Umfangs von Schäden an den Bauwerksoberflächen zu ermöglichen.

1 Einführung

In der aktuellen Betonnorm und der Norm zur Behandlung der Einwirkungen auf Tragwerke wird neben der Tragfähigkeit und Gebrauchstauglichkeit gleichrangig die Dauerhaftigkeit von Betonbauteilen als Entwurfs- bzw. Bemessungskriterium festgelegt. So werden in den Regelwerken DIN 1045-1 [1] und DIN 1055-100 [2] erstmals explizit geeignete Maßnahmen genannt, die der Sicherstellung der Dauerhaftigkeit von Tragwerken aus Beton dienen.

Demnach ist, in Anlehnung an DIN 1055-100, ein Tragwerk so zu bemessen, *„dass zeitabhängige Eigenschaftsveränderungen die Dauerhaftigkeit des Tragwerks während der geplanten Nutzungsdauer nicht unvorhergesehen beeinträchtigen"* wobei *„die Umgebungsbedingungen und die geplanten Instandsetzungsmaßnahmen zu berücksichtigen sind"* [2]. Zur Sicherstellung eines angemessen dauerhaften Tragwerks müssen u. a. die erwarteten Umwelteinflüsse, die auf das Bauwerk einwirken, berücksichtigt werden. Gemäß DIN 1055-100 sollen die dauerhaftigkeitsrelevanten Umwelteinflüsse durch geeignete „Modelle" – z. B. durch Definition von Umweltklassen (siehe [1]) – erfasst werden.

Nach DIN 1045-1 kann eine angemessene Dauerhaftigkeit des Tragwerks als erfüllt angesehen werden, wenn u. a. die Anforderungen an die Zusammensetzung und die Eigenschaften des Betons gemäß DIN EN 206-1 [3] und DIN 1045-2 [4] erfüllt sind. Diese Anforderungen werden dadurch erfüllt, dass für die zu erwartenden Umgebungsbedingungen eines Bauteils die zutreffenden Expositionsklassen gemäß DIN EN 206-1 bzw. DIN 1045-2 bestimmt und die den Expositionsklassen zugeordneten Maßnahmen – wie Mindestzementgehalt, maximaler w/z-Wert, Mindestbetondeckung, Nachbehandlungsdauer usw. – eingehalten werden. Einer gewissen Beanspruchung bzw. Umwelteinwirkung (z. B. Chloride) wird eine bestimmte Beanspruchbarkeit bzw. ein bestimmter Widerstand (z. B. Mindestzementgehalt) zugeordnet. Diesem deskriptiven „Bemessungskonzept", welches auf Erfahrungswerten basiert, liegt eine erwartete mittlere Lebens- bzw. Nutzungsdauer von 50 Jahren zugrunde.

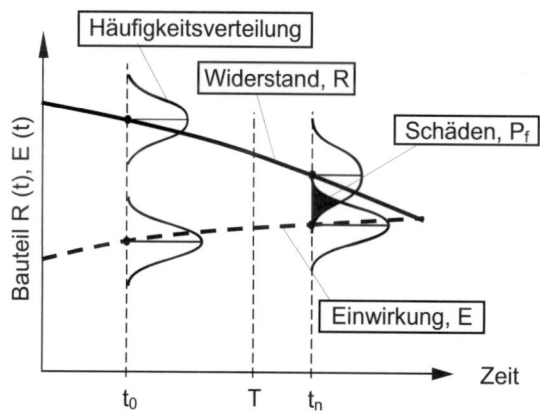

Abb. 1: Schema einer zeitabhängigen Zuverlässigkeitsbetrachtung [5] (modifiziert)

Ein wesentlicher Nachteil des deskriptiven Konzeptes besteht darin, dass dem planenden Ingenieur nicht ersichtlich ist, mit welcher Häufigkeit bzw. Wahrscheinlichkeit ein Bemessungswert über- oder unterschritten wird. Des Weiteren bleibt dem Anwender des deskriptiven Konzeptes verborgen, welcher

Sicherheitsabstand zwischen Einwirkung und Widerstand vorliegt.

Abbildung 1 zeigt die zeitliche Entwicklung von Einwirkung E und Widerstand R unter Berücksichtigung ihrer Streuung (Häufigkeitsverteilung). Der Zeitpunkt t_0 kennzeichnet z. B. den Zeitpunkt der Untersuchung des Bauwerks. Im Verlauf der Zeit nehmen beispielsweise die Einwirkung auf ein Bauteil zu (z. B. Frost) und der Widerstand des Bauteils (geschädigtes Materialgefüge) ab. Auch die Häufigkeitsverteilungen können im Laufe der Zeit ihre Form verändern. Kommt es zu einem bestimmten Zeitpunkt (siehe Zeitpunkt t_n) zu einer „Überlappung" beider Häufigkeitsverteilungen, kennzeichnet die Größe dieser Überlappung das Ausmaß der Schädigung am betrachteten Bauteil.

Aus den oben genannten Gründen ist es von großem Nutzen, die Beurteilung der Dauerhaftigkeit bzw. die Abschätzung der Restnutzungsdauer von Betonbauten mit hohem Investitionswert und langer Nutzungsdauer unter Anwendung eines Sicherheitskonzeptes auf wahrscheinlichkeitstheoretischer Grundlage vorzunehmen.

2 Konzept für eine Lebensdauerprognose von Betonbauteilen

2.1 Vorgehensweise

Die Methodik einer Restnutzungsdauerabschätzung von Betonbauwerken untergliedert sich in mehrere Arbeitsschritte, siehe Tabelle 1.

Tab. 1: Arbeitsschritte zur Durchführung einer Prognose der Lebens- bzw. Restnutzungsdauer

1. Ermittlung des Soll- und Istzustandes des zu untersuchenden Bauwerks
2. Feststellung der maßgebenden Schädigungsmechanismen
3. Formulierung geeigneter Schädigungs-Zeit-Gesetze zur Beschreibung des Schadenfortschritts
4. Festlegung der vorgesehenen Nutzungsdauer und der zulässigen Versagenswahrscheinlichkeit
5. Definition des Grenzzustandes
6. Quantifizierung der Modellparameter (statistische Modellierung)
7. Berechnung der vorhandenen Versagenswahrscheinlichkeit
8. Abschätzung der Nutzungs- bzw. Restnutzungsdauer

Zur Darstellung der Systematik bei der Durchführung einer Lebensdauerprognose für Betonbauwerke werden im Nachfolgenden die Arbeitsschritte Nr. 3 bis Nr. 8 näher erläutert.

2.2 Schädigungs-Zeit-Gesetze

Der an Betonbauteilen identifizierte Schädigungsprozess kann prinzipiell in verschiedene Schädigungsphasen unterteilt werden. Beispielsweise wird der Schädigungsprozess einer karbonatisierungsinduzierten Bewehrungskorrosion, die bei historischen Betonkonstruktionen eine entscheidende Rolle spielt, in zwei Phasen unterteilt [6].

In der ersten Phase – der Einleitungsphase – findet infolge der Karbonatisierung des Betons eine Depassivierung des im Randbereich des Betonquerschnitts befindlichen Bewehrungsstahls statt, wobei die den Stahl schützende Passivschicht aus Eisenoxid zerstört wird. Die anschließende Phase der Bewehrungskorrosion – die Schädigungsphase – erfolgt, wenn sich für einen weiteren Schädigungsprozess günstige Randbedingungen einstellen. Diese Randbedingungen ergeben sich u. a. aus dem Feuchtehaushalt und dem Sauerstoffangebot innerhalb der Betonrandzone bzw. am Bewehrungsstahl. Beim Fortschreiten der Schädigungsphase wird der Bewehrungsstahl unter Volumenzunahme in Korrosionsprodukte umgewandelt, die zu ersten Haarrissen in der Betondeckung führen. Erste sichtbare Auswirkungen in diesem Stadium der Betonschädigung sind „Rostfahnen" an der Bauteiloberfläche. Bei weiterer Entstehung von Korrosionsprodukten am Bewehrungsstahl stellt sich ein Sprengdruck ein, der zu Abplatzungen der Betondeckung führen kann. Sind bereits sichtbare Betonabplatzungen am betreffenden Bauteil vorhanden, ist eine Instandsetzungsmaßnahme nur mit hohem wirtschaftlichem Aufwand, verbunden mit einem deutlichen Eingriff in die Bausubstanz, zu realisieren. Abbildung 2 veranschaulicht die mit fortlaufender Schädigung des Bauwerks verbundenen nachteiligen Konsequenzen und definiert die maßgebenden Grenzzustände.

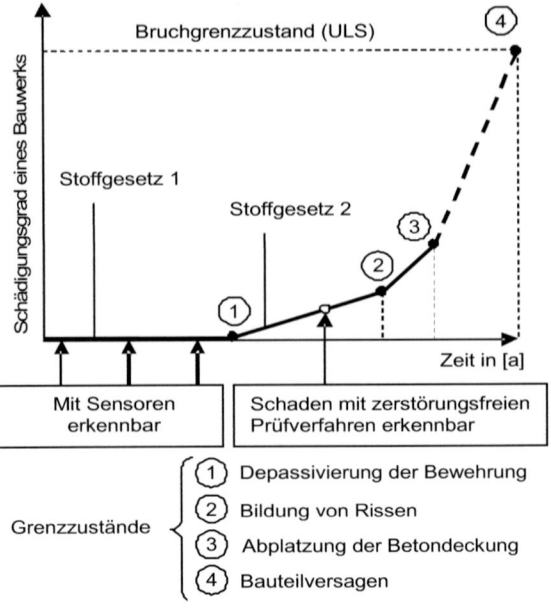

Abb. 2: Schädigungsprozess durch Bewehrungskorrosion [6]

In Abbildung 2 umfasst die Einleitungsphase den Zeitraum bis zum Grenzzustand 1, die Grenzzustände 2 bis 4 bilden die Schädigungsphase (Bewehrungskorrosion) [6].

Eine zielsichere Abschätzung der Restnutzungsdauer für ein Bauteil hängt im Wesentlichen davon ab, wie genau das gewählte physikalische Modell die Realität beschreibt. Ein geeignetes Modell zur Beschreibung des Karbonatisierungsfortschritts stellt das Schädigungs-Zeit-Gesetz der CEB Task Group V [7] dar, das in den nachfolgend aufgeführten Gleichungen (1) und (2) angegeben ist:

$$X_c(t) = \sqrt{\frac{2 \cdot k_e \cdot k_c \cdot k_t \cdot D_{eff,0} \cdot C_s}{a}} \cdot \sqrt{t} \cdot \left(\frac{t_0}{t}\right)^n \quad (1)$$

mit:

$X_c(t)$ Karbonatisierungstiefe zum Zeitpunkt t [mm];

k_e Konstanter Parameter, der den Einfluss der Umweltbedingungen auf $D_{eff,0}$ berücksichtigt [-];

k_c Konstanter Parameter der den Einfluss der Nachbehandlung auf $D_{eff,0}$ berücksichtigt [-];

k_t Konstanter Parameter, der den Einfluss von Testmethoden (Schnellkarbonatisierungsmethoden) auf $D_{eff,0}$ berücksichtigt [-];

$D_{eff,0}$ Effektiver CO2-Diffusionskoeffizient, ermittelt an definiert hergestellten und gelagerten Prüfkörpern [mm2/a];

C_s CO2-Konzentration an der Betonoberfläche [kg CO2/m3];

A CO2-Bindekapazität von Beton [kg CO2/m3]

t Zeit [a];

t_0 Referenzzeit, z. B. 1 Jahr [a];

n Konstanter Parameter, der den Einfluss der mikroklimatischen Bedingungen an der Betonoberfläche berücksichtigt [-];

und

$$R_{karb} = \frac{a}{D_{eff}} \quad (2)$$

R_{karb} effektiver Karbonatisierungswiderstand von Beton, ermittelt an definiert hergestellten und gelagerten Prüfkörpern [kg CO2/m³/mm²/a].

2.3 Zuverlässigkeitstheorie

Die Zuverlässigkeit ist die Wahrscheinlichkeit, mit der ein definierter Grenzzustand für einen vorgegebenen Bezugszeitraum nicht überschritten wird. Das Maß für die Zuverlässigkeit ist die Überlebenswahrscheinlichkeit $P_Ü = (1 - P_f)$, wobei P_f die Versagenswahrscheinlichkeit für eine bestimmte Versagensart und einen definierten Bezugszeitraum darstellt. Der Grenzzustand ist ein Zustand, bei dessen Überschreitung das Tragwerk aufhört, den festgelegten Nutzungsbedingungen zu entsprechen. Anhand der Gegenüberstellung von Beanspruchbarkeit R und Beanspruchung E ist es möglich, die Grenz-

zustandsfunktion G zu formulieren, siehe Gleichung (3):

$$G = R - E \quad (3)$$

Die Funktion G stellt die elementare Form einer Grenzzustandsfunktion dar, wobei R und E in Gleichung (3) Zufallsvariablen sind. Nimmt G den Wert Null an, ist der Grenzzustand gerade erreicht.

Wird die Grenzzustandsfunktion als normalverteilt angenommen und werden Beanspruchung E und Beanspruchbarkeit R mit Mittelwert µ und Standardabweichung σ eingeführt, lassen sich die stochastischen Eigenschaften der Funktion G in Form einer Verteilungsfunktion darstellen. Mit der Einführung des so genannten Sicherheitsindex β, der das Verhältnis $µ_g/σ_g$ darstellt, kann ein direkter Zusammenhang zwischen der Versagenswahrscheinlichkeit P_f und dem Zuverlässigkeitsindex β hergestellt werden, siehe Abbildung 3.

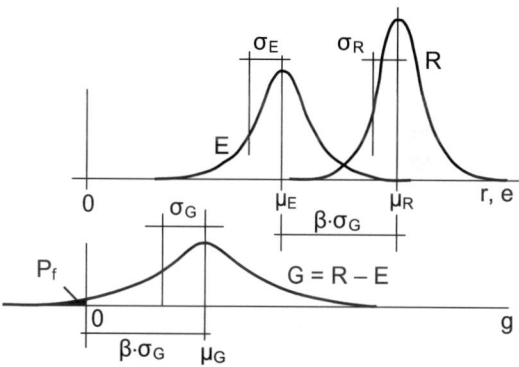

Abb. 3: Versagenswahrscheinlichkeit P_f und Zuverlässigkeitsindex β [6] (modifiziert)

Bei normalverteilter Grenzzustandsfunktion G kann die Versagenswahrscheinlichkeit P_f mit Gleichung (4) direkt ermittelt werden:

$$P_f = P (G \leq 0) = \Phi (-\beta) \quad (4)$$

Darin ist Φ die Wahrscheinlichkeitsverteilung nach der Normalverteilung. Der Zusammenhang zwischen dem Zuverlässigkeitsindex β und der Versagenswahrscheinlichkeit P_f ist in der nachfolgend aufgeführten Tabelle 2 ersichtlich.

Tab. 2: Beziehung zwischen β und P_f [2]

P_f	10^{-1}	10^{-2}	10^{-3}	10^{-4}
β	1,28	2,32	3,09	3,72

Im Fall von mehreren oder beliebig verteilten Variablen sowie bei einer nichtlinearen Grenzzustandsfunktion werden Näherungsverfahren zur Ermittlung der Zuverlässigkeit bzw. Versagenswahrscheinlichkeit angewandt [8]. Zu diesen Näherungsverfahren zählt u. a. auch das Zuverlässigkeitsverfahren 1. Ordnung (FORM = **F**irst-**O**rder-**R**eliability-**M**ethod), das unter

Verwendung des Software-Programms COMREL [9] durchgeführt werden kann.

Da Dauerhaftigkeitsprobleme an Betonkonstruktionen im Zusammenhang mit zeitabhängigen Schädigungsprozessen stehen, muss zur Beurteilung der Bauwerkszuverlässigkeit ein Bezugszeitraum angegeben werden. Die Tabelle B.2 der DIN 1055-100 enthält Zielwerte für den Zuverlässigkeitsindex β für verschiedene Bemessungssituationen und Bezugszeiträume, siehe Tabelle 3.

Tab. 3: Zielwerte des Zuverlässigkeitsindex β für Bauteile [2]

Grenzzustand	Zielwert des Zuverlässigkeitsindex	
	1 Jahr	50 Jahre
Tragfähigkeit	4,7	3,8
Ermüdung		1,5 bis 3,8 [a]
Gebrauchstauglich-keit (nicht umkehrbar)	3,0	1,5

[a] Abhängig von der Prüfbarkeit, Instandsetzbarkeit und Schadenstoleranz

Anzumerken ist, dass die Festlegung des erforderlichen Sicherheitsniveaus im Rahmen einer Dauerhaftigkeitsbemessung bzw. die Abschätzung der Restnutzungsdauer von vielen Einflussfaktoren abhängt, wie z. B. der Genauigkeit des Schädigungsmodells, dem Umfang der statistischen Modellierung, Schadensfolgen usw. Aus diesen Gründen ist es ratsam, die Festlegung eines Sicherheitsniveaus in Abhängigkeit von der jeweiligen Problemstellung zu wählen. Das heißt, dass der zu wählende Grad der Zuverlässigkeit auf die Versagensart und die Schadensfolgen abgestimmt werden muss. In jedem Fall ist zu prüfen, ob Sicherheitsanforderungen in Normen eingehalten sind.

2.4 Grenzzustand und Grenzzustandsfunktion

Im Fall einer karbonatisierungsinduzierten Bewehrungskorrosion ist ein möglicher Grenzzustand der Zeitpunkt, an dem der passivierende Schutz des Bewehrungsstahls aufgehoben wird (siehe Abbildung 2). Bei diesem Grenzzustand ist die Karbonatisierungstiefe $X_c(t)$ zum Zeitpunkt $t = t_g$ gleich der Tiefe der Betondeckung d_c, siehe Gleichung (5).

$$X_c(t = t_g) = d_c \qquad (5)$$

Zu berechnen ist demnach die zeitabhängige Wahrscheinlichkeit, an dem der zuvor definierte Grenzzustand erreicht wird. Das Erreichen des Grenzzustands nach Gleichung (5) wird als „Versagen" eingestuft. In diesem Zusammenhang handelt es sich nicht um ein tatsächliches Versagen der Konstruktion, sondern um einen ungewollten Bauteilzustand, der vor dem Hintergrund ökonomischer Überlegungen nicht überschritten werden sollte [6].

Die Berechnung der Versagenswahrscheinlichkeit für den ungewollten Bauteilzustand „Karbonatisierungsfront erreicht die Bewehrung" erfolgt mit der nachfolgend aufgeführten Gleichung (6):

$$P_f = P \{d_c - X_c(t) < 0\} \le P_{ziel} \qquad (6)$$

Dabei ist P_{ziel} die Zielversagenswahrscheinlichkeit, die im Rahmen einer Zuverlässigkeitsbetrachtung unter Verwendung des Zuverlässigkeitsindex β nicht überschritten werden sollte.

2.5 Statistische Quantifizierung der Modellparameter

Wie bereits erwähnt, sind die meisten Modellvariablen keine festen Werte, sondern streuende Größen. Daher ist ein weiterer notwendiger Schritt innerhalb einer Zuverlässigkeitsanalyse die statistische Quantifizierung der Modellparameter. Die statistisch zu modellierenden Parameter des Schädigungs-Zeit-Gesetzes nach Gleichung (1) sind, neben R_{karb} und d_c (siehe Gleichungen (2) und (5)) in Tabelle 4 aufgeführt.

Diejenigen Eingangsparameter der Grenzzustandsfunktion (Gleichung (6)), die mit ihren statistischen Merkmalen berücksichtigt werden, sind so genannte Basisvariablen. Die Einflussgrößen der Grenzzustandsfunktion, die einen Zufallscharakter besitzen, müssen anhand ihrer wichtigsten kennzeichnenden Größen – Verteilungsfunktion, Mittelwert und Standardabweichung – beschrieben werden.

In Anlehnung an [7] sind für die Berechnung der Versagenswahrscheinlichkeit für den o. g. ungewollten Bauteilzustand sämtliche Modellparameter der Gleichungen (1) und (5) in der nachfolgenden Tabelle 4 mit ihren Mittelwerten μ, Standardabweichungen σ und Verteilungsfunktionen VF aufgeführt.

Tab. 4: Parameter der Grenzzustandsfunktion [7]

Parameter	Dimension	μ	σ	VF [*]
d_c	mm	35	5	LN
R_{karb}	$(kgCO_2/m^3)/(mm^2/a)$	$7,2 \cdot 10^{-5}$	$1,08 \cdot 10^{-5}$	ND
C_s	$kg\ CO_2/m^3$	$0,6 \cdot 10^{-3}$	$0,1 \cdot 10^{-3}$	ND
k_t	-	0,98	0,05	ND
k_c	-	1,0	-	D
k_e	-	1,0	0,1	ND
t_0	a	1,0	-	D
t	a	50	-	D
n	-	0	-	D

[*] LN = Lognormalverteilung, ND = Normalverteilung und D = Deterministische Größe

2.6 Beispielrechnung zur Versagenswahrscheinlichkeit und Restnutzungsdauer von Bauteilen

Die Berechnung der Versagenswahrscheinlichkeit P_f erfolgt unter Verwendung der Software STRUREL [9]. Die in das Programm COMREL [9] zu implementierende Grenzzustandsfunktion ist durch die Gleichung (6) definiert. Die Zielversagenswahrscheinlichkeit P_{ziel} wird über den Zuverlässigkeitsindex β gemäß Tabelle 3 festgelegt. Der Zeitraum bis zum Erreichen des Grenzzustandes der Gebrauchstauglichkeit wird mit t = 50 Jahren angenommen. Der Zielwert des Zuverlässigkeitsindex beträgt demnach β = 1,5 und entspricht einer Versagenswahrscheinlichkeit P_{ziel} von ungefähr 7% (siehe auch Tabelle 2). Die Darstellung des Berechnungsergebnisses in Abbildung 4 zeigt, dass der geforderte Zuverlässigkeitsindex β von 1,5 zum Zeitpunkt t = 50 Jahren unterschritten wird. Bereits nach t ≈ 42 Jahren – vor dem Erreichen der vorgesehenen Nutzungsdauer des Bauteils – würde der Grenzzustand „Karbonatisierungsfront erreicht die Bewehrung" mit einer bestimmten Wahrscheinlichkeit eintreten. Damit wäre eine wesentliche Voraussetzung für die Bewehrungskorrosion erfüllt.

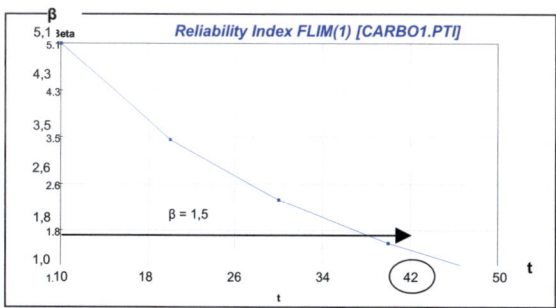

Abb. 4: Zeitabhängiger Verlauf der grenzzustandsbezogenen Bauteilzuverlässigkeit

3 Konzept zur Ermittlung der Bauwerkszuverlässigkeit

Die bisherigen Zuverlässigkeitsbetrachtungen bezogen sich auf Bauteile (Elemente eines Bauwerks). Zur Beurteilung der Zuverlässigkeit eines gesamten Bauwerks bzw. Systems sind weitere Arbeitsschritte notwendig, siehe Tabelle 5.

Tab. 5: Elemente einer Risikoanalyse [10]

I	Durchführung einer Systemanalyse: • Systembeschreibung • Ausfalleffektanalyse • Fehlerbaumanalyse
II	Ermittlung der Versagenswahrscheinlichkeiten der Systemelemente
III	Quantifizierung des Risikos

Ein wesentlicher Gesichtspunkt bei der Untersuchung der Bauwerkszuverlässigkeit ist die Beurtei-

lung des möglichen Versagens seiner Bauteile in Verbindung mit den dazugehörigen Schadensfolgen. Die Lösung dieser Problemstellung ist Gegenstand einer Risikoanalyse.

3.1 Systemanalyse

Die Systemanalyse untersucht das Zusammenwirken der Systemkomponenten untereinander.

3.1.1 Systembeschreibung

Zunächst muss im Zuge einer Systembeschreibung die tabellarische Auflistung und grafische Darstellung (Zergliederung) der wesentlichen Systemelemente eines Bauwerks durchgeführt werden, siehe Abbildung 5.

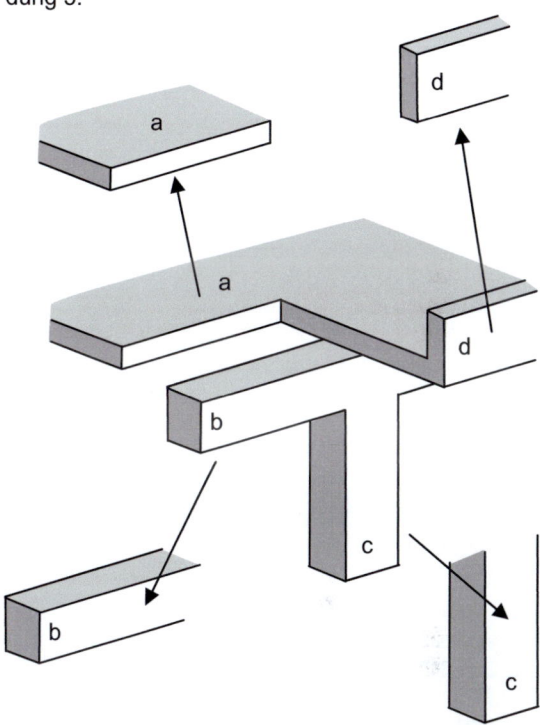

Abb. 5: Prinzip der Zergliederung eines Bauwerks, hier gezeigt an einem Bauwerksausschnitt bestehend aus Stütze, Balken, Platte und Brüstung

Den Systemelementen a, b, c und d nach Abbildung 5 sind die jeweiligen dauerhaftigkeitsrelevanten Betonschädigungen, die im Zuge einer Bauwerksinspektion identifiziert wurden, zuzuordnen, siehe Tabelle 6. Der erforderliche Detaillierungsgrad der Systembeschreibung hängt u. a. von der Schädigung einzelner Systemelemente ab und kann auch bei großen Bauwerken oftmals vergleichsweise einfach gewählt werden.

Tab. 6: Zuordnung der am Bauwerk identifizierten dauerhaftigkeitsrelevanten Schäden zum jeweiligen Bauteil

Element	Schädigungsart
a	– Frostschäden
b	– karbonatisierungsinduzierte Bewehrungskorrosion
c	– chloridinduzierte Bewehrungs-korrosion
d	– karbonatisierungsinduzierte Bewehrungskorrosion – Frostschäden

3.1.2 Ausfalleffektanalyse

Das Bauwerk als System besteht aus einer Vielzahl von Systemelementen, die miteinander in einer funktionalen Beziehung stehen. Das jeweilige (planmäßige oder unplanmäßige) Zusammenwirken der einzelnen Systemelemente entscheidet über die Funktionsfähigkeit des Bauwerks. Je nachdem in welcher Art und Weise die Systemelemente funktional verbunden sind, kann ein vereinzeltes oder kombiniertes Versagen der Elemente zum Systemversagen bzw. zum Versagen bestimmter Systembereiche führen. Um sich über diesen Sachverhalt Klarheit zu verschaffen, muss im nächsten Schritt der Systemanalyse eine Ausfalleffektanalyse, siehe DIN 25448 [11], durchgeführt werden. Das Ziel der Ausfalleffektanalyse ist die Untersuchung des Systemverhaltens beim Versagen einzelner Systemelemente, d. h. die Untersuchung der Auswirkungen möglicher Versagensmechanismen. Die nachfolgende Abbildung 6 zeigt das Schema einer Ausfalleffektanalyse.

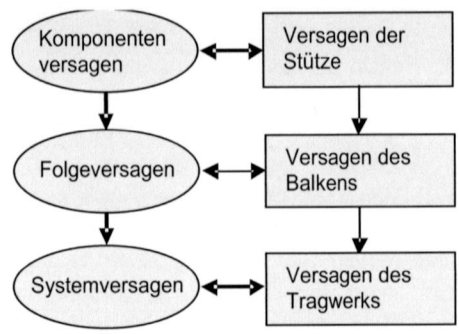

Abb. 6: Schema einer Ausfalleffektanalyse [10] (modifiziert)

3.1.3 Fehlerbaumanalyse

Ziel der Fehlerbaumanalyse ist die systematische, deduktive Identifikation aller möglichen Ursachen, die zu dem unerwünschten Ereignis führen, siehe Abbildung 7.

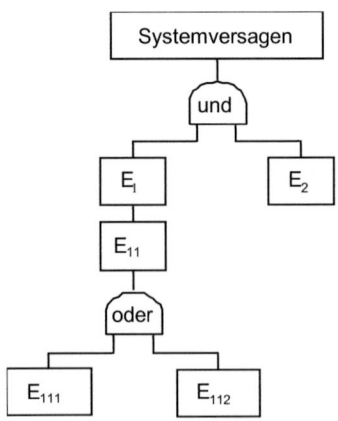

Abb. 7: Schema einer Fehlerbaumanalyse; [10] E_i = Ereignis i, z. B. Karbonatisierung

Die Fehlerbaumanalyse stellt bereits einen wesentlichen Baustein zur Ermittlung des Gesamtversagens des Systems dar. Nach der Durchführung einer Fehlerbaumanalyse kann den einzelnen Systemelementen die zugehörige Versagenswahrscheinlichkeit zugeordnet werden. Mit Hilfe mathematischer Verknüpfungen auf der Grundlage der Berechnung von Serien- und Parallelsystemen kann die Wahrscheinlichkeit für das Versagen des Gesamtsystems berechnet werden.

Die Versagenswahrscheinlichkeit eines Seriesystems liegt in den nachfolgend aufgeführten Grenzen, siehe Rechenvorschrift (7):

$$\max\,[P_{fi}] \leq P_{f,serie} \leq 1 - \prod_{i=1}^{n}(1 - P_{fi}) < \sum_{i=1}^{n} P_{fi} \qquad (7)$$

Mit der Rechenvorschrift (8) kann die obere und untere Grenze der Versagenswahrscheinlichkeit für Parallelsysteme ermittelt werden:

$$\prod_{i=1}^{n} P_{fi} \leq P_{f,parallel} \leq \min[P_{fi}] \qquad (8)$$

Darin sind $P_{f,serie}$ bzw. $P_{f,parallel}$ die Versagenswahrscheinlichkeiten des Serien- bzw. Parallelsystems und P_{fi} die Versagenswahrscheinlichkeiten der entsprechenden Systemelemente [8].

3.2 Die Ermittlung der Versagenswahrscheinlichkeit der Systemelemente

Die Ermittlung der Versagenswahrscheinlichkeiten der betroffenen Bauteile (vgl. Punkt II in Tabelle 5) wurde im Abschnitt 2 behandelt.

3.3 Quantifizierung des Risikos

Die Ermittlung des Risikos bzw. des Gesamtrisikos R eines ungewollten Ereignisses kann mit der nachfolgenden Gleichung (9) durchgeführt werden [10]:

$$R = \sum (P_i \cdot K_{vi}) \qquad (9)$$

Darin ist P_i die Wahrscheinlichkeit für das Auftreten des Ereignisses i und K_{vi} sind die Schadenskosten für das Ereignis i. Unter Verwendung der Gleichung

(9) ist eine Verknüpfung der berechneten Versagenswahrscheinlichkeit des Gesamtsystems bzw. der Systemelemente mit den zu erwartenden Schadenskosten möglich.

Abschließend sei festgestellt, dass weniger die Angabe des berechneten Risikos im Vordergrund einer Risikoanalyse steht, als vielmehr die Untersuchung und Bewertung bestimmter ungewollter Bauteilzustände. Die Durchführung und Auswertung einer Risikoanalyse gibt Aufschluss über nachfolgend aufgeführte Punkte zur Aufstellung einer optimalen Instandhaltungsstrategie:

- Identifikation der Bauwerkskomponenten bzw. -bereiche mit den größten zu erwartenden Versagenswahrscheinlichkeiten
- Konzentration von Inspektions- bzw. Überwachungsmaßnahmen auf die identifizierten Schwachstellen am Bauwerk
- Planung und Durchführung von Instandsetzungsmaßnahmen in Abhängigkeit von den zu erwartenden Schadensfolgen.

4 Methoden und Vorgehensweise zur Dauerhaftigkeitsprognose

Nachdem vorstehend die Grundlagen des Konzepts zur Lebensdauerprognose von Betonbauteilen vorgestellt wurden, soll nachfolgend näher auf die Methoden eingegangen werden, die zur Beschreibung der Dauerhaftigkeit von Betonrandzonen bzw. zur Abschätzung des gegenwärtigen und zukünftigen Schadenspotentials von Bauteilbereichen herangezogen werden. Hierbei wird der Schwerpunkt der Betrachtungen auf der Prognose der Schäden liegen, die durch karbonatisierungsinduzierte Korrosion der Bewehrung hervorgerufen werden.

Bei der Instandsetzung von Sichtbetonflächen ist es von zentraler Bedeutung, die Eingriffe in die Bausubstanz auf das technisch notwendige Mindestmaß zu begrenzen. Um dies sicherzustellen, muss der Zustand der Bauwerksoberflächen möglichst genau erfasst werden. Hierzu sind umfassende Bauwerksuntersuchungen erforderlich, die sich nicht ausschließlich auf bereits augenscheinlich schadhafte Bereiche, sondern im Wesentlichen auf nicht geschädigte Bereiche erstrecken.

Die Erfassung des Zustandes der Betonrandzone der Sichtbetonbauteile in Verbindung mit der Prognose der zukünftigen Schadensentwicklung sollte möglichst so detailliert durchgeführt werden, dass sichere Aussagen über den Umfang der instand zu setzenden Bauteilbereiche möglich werden. Aus Gründen des Denkmalschutzes, der Nachhaltigkeit und der Wirtschaftlichkeit durchzuführender Maßnahmen ist eine Instandsetzung anzustreben, die mit Eingriffen nur in jenen Bereichen verbunden ist, in denen bereits Schäden vorliegen oder die während der Restnutzungsdauer des Bauwerks starke Schädigungen erfahren werden. Somit ist eine Minimierung des Eingriffs in die Bausubstanz bei gleichzeiti-

gem Erhalt eines maximalen Anteils von originalen Oberflächen gewährleistet.

4.1 Voruntersuchungen

Die Untersuchungen am Bauwerk sowie an aus Bauteilen entnommenen Proben müssen Aussagen zum Korrosionsschutz der Bewehrung sowie zur Entwicklung der Bewehrungskorrosion und der daraus resultierenden Schäden ermöglichen.

Zu diesem Zweck sind eine Reihe von Voruntersuchungen (siehe auch Tabelle 1) notwendig, die die Grundlage für eine Prognose der Korrosionswahrscheinlichkeit der Bewehrung liefern. Diese lassen sich im Wesentlichen in folgende Maßnahmen untergliedern:

- baugeschichtliche Erkundungen,
- Vor-Ort-Untersuchungen und Probenahmen,
- Laboruntersuchungen.

Darüber hinaus sind zur Bestimmung des Bauwerkszustandes als Grundlage einer Instandsetzung weitere Untersuchungen notwendig, auf die jedoch hier nicht weiter eingegangen wird, siehe hierzu [12].

4.1.1 Baugeschichtliche Erkundungen

Die baugeschichtlichen Erkundungen sollten nach Möglichkeit Informationen zu folgenden Punkten liefern:

- Alter des Bauwerks,
- An- bzw. Umbaumaßnahmen; statisch-konstruktive Eingriffe in das Bauwerk,
- Umnutzungen; Änderungen der raumklimatischen Verhältnisse,
- Art, Umfang und Zeitpunkt von ggf. auf die Betonoberflächen aufgebrachter Hydrophobierungen, Imprägnierungen oder Beschichtungen.

4.1.2 Vor-Ort-Untersuchungen und Probenahmen

Zur Beurteilung der Möglichkeit einer behutsamen Betoninstandsetzung bzw. zu deren grundsätzlicher Planung und Durchführung sind folgende Informationen erforderlich:

- Art, Lage und Umfang der Schäden,
- Lage und Umfang augenscheinlich schadensfreier Bauwerksoberflächen,
- Korrosion und Korrosionsschutz der Bewehrung in den oberflächlich nicht oder nur geringfügig geschädigten Bauwerksbereichen,
- Fortschritt der Korrosion und des Korrosionsschutzes in den derzeit nicht oder nur geringfügig geschädigten Bauwerksbereichen,
- Textur und Abwitterungszustand der Betonoberfläche,
- Art, Lage und Verlauf von Rissen.

Die vorstehend genannten Informationen lassen sich unter Anwendung von zerstörenden sowie zerstörungsfreien Mess- und Untersuchungsmethoden am Bauwerk beschaffen. Hierbei ist die Auswahl repräsentativer Untersuchungsbereiche für die Erstellung einer zuverlässigen Dauerhaftigkeitsprognose von großer Bedeutung. Die Stichprobenanzahl (Anzahl der an verschiedenen Stellen durchzuführenden Messungen und Untersuchungen) muss jeweils ausreichend hoch gewählt werden.

Folgende Messungen und Untersuchungen sind in allen für das Bauwerk repräsentativen Bereichen durchzuführen:

- Messung der Karbonatisierungstiefe,
- Messung der Betondeckung der Bewehrung,
- Ermittlung der Stabdurchmesser der Bewehrung,
- Überprüfung von Art und Umfang der Bewehrungskorrosion,
- Ermittlung der Schadstoffbelastung, z. B. durch Chloride,
- Beurteilung des Gefüges der Betondeckungsschicht,
- Messung von Rissbreiten,
- Ermittlung des Mikroklimas im Bauteilbereich.

Bei der Ermittlung und Aufbereitung der o. g. Daten ist es erforderlich, die gewonnenen Messwerte mit den Informationen zur Lage, zur Orientierung und zum Mikroklima des Messbereiches am Bauteil zu verknüpfen, so dass eine differenzierte Auswertung der Daten erfolgen kann.

Um die notwendigen und nachstehend beschriebenen Laboruntersuchungen durchführen zu können, müssen Proben, u. a. in Form von Bohrkernen, aus dem Bauwerk entnommen werden.

4.1.3 Laboruntersuchungen

Zur Beurteilung des durch Frost und Bewehrungskorrosion vorhandenen Schadenspotentials ist es erforderlich, die Größe und den Verlauf des Feuchtegehalts innerhalb der Betonrandzone zu kennen. Um langwierige In-situ-Messungen zu vermeiden, kann mit Hilfe numerischer Simulationen das thermische und hygrische Verhalten des Bauteilquerschnittes abgeschätzt werden.

Zur realistischen Berücksichtigung der Eigenschaften des Betons der Bauteilrandzone müssen im Rahmen der Laboruntersuchungen an entnommenen Proben u. a. folgende Kennwerte ermittelt werden:

- Rohdichte und Reindichte,
- Gesamtporosität und Wasseraufnahme unter Atmosphärendruck sowie unter Druck von 150 bar,
- kapillarer Wasseraufnahmekoeffizient,
- Diffusionskoeffizient,
- Kapillarporosität.

Weitere Materialkennwerte (z. B. Wärmeleitfähigkeit, spezifische Wärmekapazität) lassen sich aus einschlägigen Datenbanken entnehmen.

4.2 Aufbereitung und Auswertung der Ergebnisse der Voruntersuchungen

Die bei den Voruntersuchungen gewonnenen Messdaten zur Betondeckung und zum Stabdurchmesser der Bewehrung sowie zur Karbonatisierungstiefe des Betons müssen nach Lage und Orientierung der Untersuchungs- bzw. Messbereiche sowie nach dem dort vorherrschenden Mikroklima geordnet und ausgewertet werden.

Bei der Auswertung der Daten kommen statistische Methoden zur Beurteilung des Korrosionsschutzes sowie numerische Simulationen zur Ermittlung der in der Betonrandzone vorherrschenden Feuchteverhältnisse zur Anwendung.

4.2.1 Korrosionsschutz

Zur Beurteilung des Korrosionsschutzes lassen sich die Messergebnisse der Karbonatisierungstiefe des Betons und der Betondeckung der Bewehrung in grafischer Form gegenüberstellen. Die Abbildung 8 zeigt Ergebnisse der Messungen der Karbonatisierungstiefe des Betons und der Betondeckung der Bewehrung, die in Teilbereichen an den Sichtbetonflächen eines Wohngebäudes ermittelt wurden.

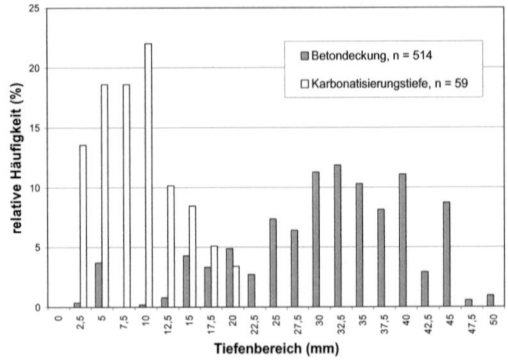

Abb. 8: Häufigkeitsverteilung der Karbonatisierungstiefe des Betons und der Betondeckung der Bewehrung (n = Anzahl der Einzelwerte)

Aus Abbildung 8 ist erkennbar, mit welcher Häufigkeit – bezogen auf die Gesamtheit der gemessenen Einzelwerte im untersuchten Teilbereich – Karbonatisierungstiefen des Betons bzw. Betondeckungen der Bewehrung in den jeweiligen Tiefenbereichen (0 bis 2,5 mm, 2,5 bis 5,0 mm, usw. unter der bewitterten Betonoberfläche) gemessen wurden. Daraus wird ersichtlich, dass die Karbonatisierung zum Untersuchungszeitpunkt nur einen relativ geringen Anteil der randnahen Bewehrung erreicht hat und somit nur ein kleiner Teil der randnahen Bewehrung im depassivierten Bereich der Randzone liegt. Der Großteil der Bewehrung ist daher ausreichend durch die Alkalität des Betons vor Korrosion geschützt.

Mit Hilfe einer statistischen Auswertung der gewonnenen Messdaten lässt sich der prozentuale Anteil der depassivierten Bewehrung abschätzen;

zur Vorgehensweise hierzu siehe [13]. Dieser Anteil beträgt im vorliegenden Fall nur ca. 2 %.

Wie bereits im Abschnitt 2.2 beschrieben, lässt sich die zeitliche Entwicklung der Karbonatisierungstiefe, d. h. der Karbonatisierungsfortschritt innerhalb der Betonrandzone mit Hilfe bekannter Beziehungen – z. B. der Gleichungen (1) und (2) – hinreichend genau abschätzen.

Eine grafische Darstellung der zeitlichen Entwicklung der Karbonatisierungstiefe ist im linken Teil der Abbildung 9 vorgenommen. Zusätzlich ist im rechten Teil der Abbildung 9 die Summenhäufigkeit der in den zugehörigen Teilbereichen ermittelten Betondeckungen der Bewehrung aufgetragen. Da bereits aus Abbildung 8 ersichtlich ist, dass die Karbonatisierungstiefe mitunter sehr großen Streuungen unterworfen ist, ist im linken Teil der Abbildung 9 neben der zeitlichen Entwicklung des Mittelwerts auch die der gemessenen Kleinst- und Größtwerte der Karbonatisierungstiefe des Betons angegeben.

Aus den Kurvenverläufen in Abbildung 9 lässt sich ablesen, wie groß der prozentuale Anteil depassivierter Bewehrung an der gesamten im Untersuchungsbereich vorhandenen Bewehrung, zum Untersuchungszeitpunkt und zu einem beliebigen zukünftigen Zeitpunkt, ist. Die Zuverlässigkeit dieser Aussagen erhöht sich mit steigender Anzahl an Messdaten und mit zunehmender Differenziertheit der Datenaufbereitung.

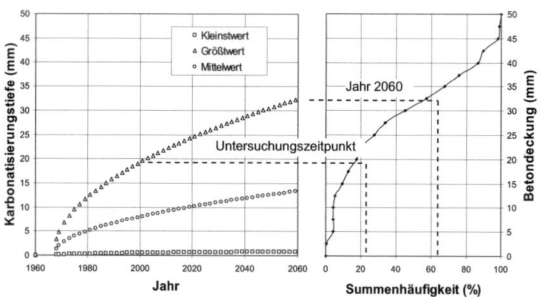

Abb. 9: Abgeschätzte zeitliche Entwicklung der Karbonatisierung des Betons (links) und der Summenhäufigkeit der Betondeckung der Bewehrung (rechts)

Im Übrigen ist darauf hinzuweisen, dass die Depassivierung nur eine der notwendigen Voraussetzungen für die Korrosion von Bewehrungsstahl ist. Von einer fortschreitenden und die Bewehrung erfassenden Karbonatisierungsfront geht nur dann eine Gefahr für die Bewehrung aus, solange die Betonrandzonen der Bauteile Feuchtegehalte aufweisen, die eine Korrosion der Bewehrung überhaupt ermöglichen. Daraus wird deutlich, dass zur Beurteilung des Korrosionsrisikos der Bewehrung eine Bestimmung des Feuchteangebots in der Betonrandzone von entscheidender Bedeutung ist.

4.2.2 Thermisch-hygrisches Verhalten

Die Bestimmung des thermischen und hygrischen Verhaltens der Betonrandzone bzw. der Bauteilquerschnitte in den zu untersuchenden Bereichen kann entweder über In-situ-Messungen oder mit Hilfe numerischer Simulationen erfolgen.

Messungen der vorliegenden Feuchtegehalte sind möglich, müssen jedoch, um die Bandbreite der innerhalb eines Jahres möglichen klimatischen Beanspruchungen zu erfassen, über lange Zeiträume erfolgen. Zudem müssen sie in mehreren, repräsentativen Bereichen der zu untersuchenden Bauteile vorgenommen werden. Wesentlich schneller, weniger aufwändig und dennoch relativ genau kann das thermisch-hygrische Verhalten der Bauteile mit Hilfe einer numerischen Analyse ermittelt und dargestellt werden.

Zur Durchführung einer aussagekräftigen und den Anforderungen gerecht werdenden numerischen Simulation muss das zu untersuchende Bauteil modelliert, die klimatische Beanspruchung des Bauteils möglichst realitätsnah erfasst und die Eigenschaften des Betons mit Hilfe von Materialkennwerten genau beschrieben werden. Zur Erfassung der geometrischen Verhältnisse des Bauteils sind i. d. R. 1- bis 2-dimensionale Diskretisierungen ausreichend.

Für eine realitätsnahe Simulation der klimatischen Beanspruchung des Bauteils ist es erforderlich, der numerischen Berechnung den klimatischen Verlauf eines ganzen Jahres zu Grunde zu legen. Zur Darstellung einer freien Bewitterung bietet sich die Verwendung von sog. Referenzklimadatensätzen an, die für zahlreiche Orte und Regionen in Deutschland verfügbar sind. Diese enthalten z. B. in 1-stündigem Abstand über den Zeitraum eines Jahres Werte für Temperatur, relative Luftfeuchte, Luftdruck, Niederschlagsmenge, Windrichtung und -geschwindigkeit, Langwellenstrahlung, Kurzwellenstrahlung in den verschiedenen Himmelsrichtungen sowie Angaben zur diffusen Kurzwellenstrahlung. Die Werte können in Abhängigkeit von der Orientierung der Bauteiloberflächen (Himmelsrichtung, Winkel zur Vertikalen) angesetzt werden.

Die Eigenschaften des Betons lassen sich mit Hilfe der bei den Laboruntersuchungen (vgl. Abschnitt 4.1.4) gewonnenen Ergebnisse beschreiben.

Zur Kontrolle der Eingabedaten muss das numerische Modell kalibriert werden. Dies kann über die Simulation einfacher, stationärer und unter genau definierten Randbedingungen ablaufender Versuche an Probekörpern (z. B. kapillarer Wasseraufnahmeversuch) oder am Bauwerk erfolgen.

Die Abbildung 10 zeigt das Ergebnis einer numerischen Simulation des Feuchteverhaltens in einer Betonrandzone. Die Fläche zwischen beiden Kurven stellt die Spannbreite der im Bauteilquerschnitt während eines Jahres auftretenden relativen Feuchtigkeit dar.

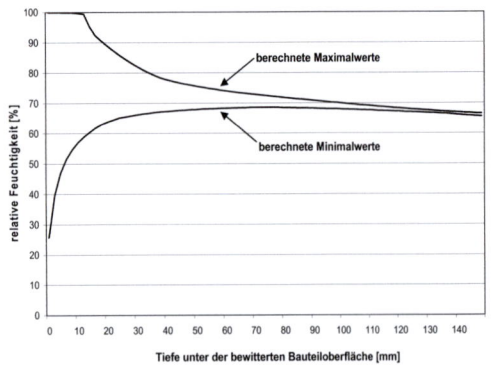

Abb. 10: Spannbreite der im Bereich der Betonrandzone eines Bauteils während eines Jahres
auftretenden relativen Feuchtigkeit

Aus Abbildung 10 ist ersichtlich, dass im Kernbereich des Bauteils keine nennenswerten Schwankungen der im Beton vorhandenen relativen Feuchtigkeit auftreten. Die hohe Spannbreite der im äußeren Bauteilquerschnitt (Betonrandzone) vorherrschenden relativen Feuchtigkeit ist die direkte Folge des während eines Jahres auf das Bauteil einwirkenden Außenklimas.

Untersuchungen zur Korrosion von Stahl in Beton zeigen, dass zur Bewehrungsstahlkorrosion eine relative Feuchtigkeit im Beton von mindestens ca. 85 %, aber weniger als 100 % vorherrschen muss. Es wird deutlich, dass unter Zugrundelegung mittel-europäischer Klimaverhältnisse und bei Verwendung von Betonen üblicher Qualität durch die freie Bewit-terung (Niederschlag, kein drückendes Wasser) nur bis in Tiefen von ca. 20 bis max. 30 mm unter der Bauteiloberfläche ein ausreichendes Feuchteange-bot vorliegt, um die Korrosion von Bewehrungsstahl zu ermöglichen.
Ist ein ausreichendes Feuchteangebot am Stahl gegeben, so ist die Dauer des Vorliegens korrosiver

Bedingungen ein weiterer, wichtiger Aspekt zur Ein-schätzung des Ausmaßes und somit des Risikos der Bewehrungskorrosion. Numerische Simulationen liefern Informationen über die Häufigkeit und Dauer des am Bewehrungsstahl vorliegenden Feuchtean-gebots. Es ist i. d. R. festzustellen, dass ein für Kor-rosion ausreichendes Feuchteniveau am Stahl nur über relativ kurze Zeiträume in Verbindung mit star-ken Niederschlagsereignissen vorherrscht.

4.3 Prognose der Bewehrungskorrosion

Vorstehend wurden die verschiedenen Parameter, die für das Auftreten von Bewehrungskorrosion in der Betonrandzone von Bedeutung sind, benannt und kurz erläutert. Für eine Prognose der Dauerhaf-tigkeit der Betonrandzone bzw. des Bauteils müssen die einzelnen Einflussparameter korreliert werden. Abbildung 11 zeigt das Schema zur Korrelation der Einflussparameter Betondeckung, Karbonatisie-rungstiefe und relative Feuchtigkeit in Abhängigkeit von der Tiefe unter der bewitterten Betonoberfläche.

Im unteren Bereich der Abbildung 11 ist die Ver-teilung der bei den Voruntersuchungen gemessenen Betondeckungen und Karbonatisierungstiefen darge-stellt. Der Schnittbereich beider Häufigkeitsverteilun-gen ist das Maß für das Vorliegen depassivierter Bewehrung, vgl. Abschnitt 4.2.1. Die beiden ge-schwungenen Kurvenverläufe sind die unter Ver-wendung der numerischen Analyse ermittelten Ma-ximal- und Minimalwerte der relativen Feuchtigkeit im Beton in Abhängigkeit von der Tiefe unter der bewit-terten Betonoberfläche; vgl. Abschnitt 4.2.2. Im rech-ten Bereich der Abbildung 11 gibt die obere der bei-den Glockenkurven die Korrosionswahrscheinlichkeit von Bewehrungsstahl in Abhängigkeit der relativen Feuchtigkeit im Beton an.

Wird nun der Bereich des Vorliegens depassivier-ter Bewehrung mit dem Bereich der für die Korrosion erforderlichen relativen Feuchte überschnitten, so

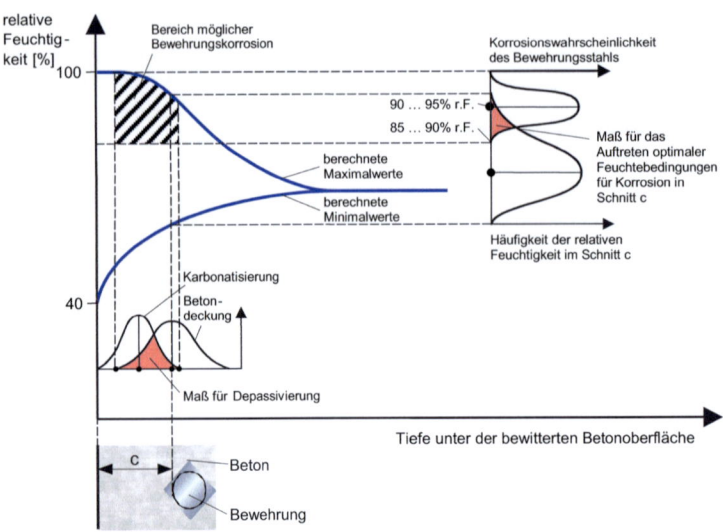

Abb. 11: Schema der Korrelation verschiedener Einflussparameter zur Abschätzung der Korrosionswahrscheinlichkeit der Bewehrung

erhält man den Bereich, in dem Bewehrungskorrosion (in der Abbildung 11 schraffiert dargestellt) überhaupt nur möglich ist.

Betrachtet man nun einen depassivierten Bewehrungsstab in der Tiefe c unter der bewitterten Betonoberfläche, so kann für diesen die mögliche Spannweite der in der Querschnittstiefe c des Bauteils während eines Jahres zu erwartenden relativen Feuchtigkeit im Beton angegeben werden. Aus dem Ergebnis der numerischen Simulation lässt sich neben der Höhe der relativen Feuchtigkeit auch deren Auftretenshäufigkeit im Schnitt c ermitteln (unter Kurve im rechten Bereich der Abbildung 11). Wenn man die Häufigkeitsverteilung der relativen Feuchtigkeit im Schnitt c mit der Kurve der Korrosionswahrscheinlichkeit überlagert, lässt sich daraus das Maß für die tatsächlich auftretende Korrosion der Bewehrung in der Tiefe c unter der bewitterten Oberfläche ableiten.

Es wird deutlich, dass ein mitunter nur kleiner Anteil der depassivierten Bewehrung während relevanter Zeiträume überhaupt korrodieren kann. Die direkte Folgerung, dass depassivierte Bewehrung in bewitterten Betonrandzonen zwangsläufig korrodiert, ist somit nur für einen mitunter geringen Anteil der Bewehrung zutreffend. Vielmehr zeigt sich – unter Einbeziehung aller o. g. Bedingungen –, dass i. d. R. die überwiegende Mehrzahl aller Bewehrungsstäbe, d. h. der größte Teil der Bauteiloberflächen, während der gesamten Nutzungsdauer des Bauwerks nicht durch Bewehrungskorrosion gefährdet ist.

5 Schlussbemerkungen und Ausblick

Frühere Untersuchungen haben gezeigt, dass Korrosionsschäden in Form von Abplatzungen der Betonrandzone u. a. in Abhängigkeit bestimmter geometrischer Randbedingungen (Bewehrungsstabdurchmesser, Betondeckung) auftreten. Vertiefende Untersuchungen zu Klärung der genauen Zusammenhänge sind Gegenstand derzeitiger Forschung am Institut für Massivbau und Baustofftechnologie der Universität Karlsruhe. Gleiches gilt für den Effekt der Makroelementbildung, der insbesondere bei großflächigen Instandsetzungsmaßnahmen beachtet werden muss.

Abschließend ist festzustellen, dass die Kombination aus statistischen und numerischen Methoden als zielführendes Werkzeug zur Prognose der Dauerhaftigkeit von Betonrandzonen eingesetzt werden kann.

Mit dem vorgestellten Konzept zur Lebensdauerprognose von Betonbauteilen ist es möglich, eine quantitative Beurteilung der Dauerhaftigkeit von schadhaften Bauwerksbereichen vorzunehmen. Eine Erweiterung dieser Methodik zur quantitativen Beurteilung des Bauwerks in seiner Gesamtheit stellt die aufgezeigte Systematik zur Ermittlung der Bauwerkszuverlässigkeit dar. Die Präzisierung und Weiterentwicklung dieser Konzepte bilden einen der Forschungsschwerpunkte am Institut für Massivbau und Baustofftechnologie.

6 Literatur

[1] DIN 1045-1: Tragwerke aus Beton, Stahlbeton und Spannbeton. Teil 1: Bemessung und Konstruktion, Juli 2001

[2] DIN 1055-100: Einwirkungen auf Tragwerke. Teil 100: Grundlagen der Tragwerksplanung, Sicherheitskonzept und Bemessungsregeln, März 2001

[3] DIN EN 206: Beton – Teil 1: Festlegung, Eigenschaften, Herstellung und Konformität, Juli 2001

[4] DIN 1045-2: Tragwerke aus Beton, Stahlbeton und Spannbeton. Teil 2: Beton – Festlegung, Eigenschaften, Herstellung und Konformität; Anwendungsregeln zu DIN EN 206-1, Juli 2001

[5] Sarja, A., Vesikari, E.: Durability Design of Concrete Structures. Report of RILEM Technical Committee 130-CSL, 1996

[6] Schießl, P., Gehlen, Ch.: Betondauerhaftigkeit – Umsetzung des Wissensstandes in Bemessungskonzepte. IBAUSIL, 14. Internationale Baustofftagung, 20. - 23. September, Band 1, Weimar, 2000.

[7] The European Union – Brite EuRam III: Statistical Quantification of the Variables in the Limit State Functions. DuraCrete: Probabilistic Performance based Durability Design of Concrete Structures. Contract BRPR-CT95-0132, Project BE95-1347, January 2000

[8] Mehlhorn, G.: Der Ingenieurbau - Grundwissen, 9. Band, Tragwerkszuverlässigkeit, Einwirkungen. Ernst & Sohn Verlag, 1997

[9] RCP GmbH: STRUREL, A Structural Reliability Analysis Program System, COMREL & STATREL, Users Manual, RCP Consulting GmbH München, 2002

[10] Klingmüller, O., Bourgund, U.: Sicherheit und Risiko im Konstruktiven Ingenieurbau. Vieweg Verlag, 1992

[11] DIN 25448: Ausfalleffektanalyse (Fehler-Möglichkeits- und -Einfluß-Analyse (FMEA)), Mai 1990

[12] Müller, H. S.: Denkmalgerechte Betoninstandsetzung – Überblick und technisch-wissenschaftliche Grundlagen. In: Instandsetzung bedeutsamer Betonbauten der Moderne in Deutschland, Tagungsband zum Symposium am 30.03.2004 an der Universität Karlsruhe; Müller, H. S. und Nolting U. (Hrsg.), Institut für Massivbau und Baustofftechnologie, Universität Karlsruhe, 2004

[13] Müller, H. S., Günter, M., Hilsdorf, H. K.: Instandsetzung historisch bedeutender Beton- und Stahlbetonbauwerke. Beton- und Stahlbeton 95, 2000, Heft 6, Seiten 360-364

Statisch-konstruktive Maßnahmen

Rudolf Pörtner

Zusammenfassung

Das Zulegen und in besonderen Fällen auch das Wegnehmen von Bewehrungseisen zählen zu den häufigsten statisch-konstruktiven Maßnahmen. Der Beitrag des Ingenieurs erschöpft sich darin jedoch nicht, auch wenn das manchmal so gesehen wird. Nachfolgend wird an Beispielen aufgezeigt, wie sich das Ergründen der Schadensursache auf das Instandsetzungskonzept auswirkt und eine ganzheitliche Betrachtung des Baugefüges die statisch-konstruktiven Instandsetzungsmaßnahmen beeinflussen kann.

1 Statisch-konstruktive Maßnahmen

Reduziert man das Instandsetzen von Eisenbeton- und Stahlbetonbauten auf den Korrosionsschutz der Bewehrung und ein Reparieren der Betonoberflächen, dann ergeben sich daraus im wesentlichen zwei statisch-konstruktive Instandsetzungsmaßnahmen. Sind die Bewehrung und der Beton mangelhaft und/oder schadhaft, dann müssen Bewehrungseisen zugelegt werden. Das war bei mehreren Stützen in der Lagerhalle einer ehemaligen Papierfabrik in Osthofen der Fall. Zu den Schäden kam es, als die Halle nach dem 2. Weltkrieg als Lagerhalle einer Möbelfabrik genutzt wurde und der Fahrer eines Gabelstaplers wüst oder ungeschickt mehrfach gegen Stützen fuhr (Abbildung 1).

Abb. 1

Abb. 2

Die Abbildungen 3 und 4 zeigen die Attika des Beethovensaales der Liederhalle in Stuttgart. Die Betonumfassungswände des Saales sind kontinuierlich unterstützt. Zum Zeitpunkt der Instandsetzung wurden das Schwinden des Betons als abgeschlossen und die Formänderungen infolge wechselnder Temperaturen im Bereich der Wandkrone als unmaßgeblich betrachtet. Entsprechend wurden die Bewehrungsstäbe im Abschnitt einer viel zu geringen Betonüberdeckung weggeschnitten, die Schnittstellen korrosionsgeschützt und der schadhafte Beton auf begrenzter Fläche reprofiliert.

Abb. 3

Abb. 4

Im wesentlichen an vier Beispielen möchte ich darstellen, dass man das Instandsetzen von Eisen- und Stahlbetonbauten jedoch nicht auf die statisch-konstruktive Begleitung der handwerklichen Instandsetzungsmaßnahmen reduzieren darf und für das Instandsetzungskonzept eine ganzheitliche Betrachtung des Baugefüges von entscheidender Bedeutung ist. Da die ausgewählten Bauwerke nachfolgend mehrfach als Beispiele herangezogen werden, sollen sie vorab kurz vorgestellt werden.

Bei der im Jahr 1906 erbauten Feierhalle in Jena-Göschwitz handelt es sich um einen frühen Eisenbetonfertigteilbau (Abbildung 5).

Abb. 5

Abb. 6

Im Jahr 1908 wurde die Papierfabrik in Osthofen bei Worms als Eisenbetonskelettbau errichtet (Abbildung 6). In der Zeit zwischen 1908 und 1911 wurde das im

Jugendstil gestaltete Heinrich-Suso-Gymnasium in Konstanz erbaut. Nach einem Entwurf des Architekten Michel Ecochard aus den 70-er Jahren des letzten Jahrhunderts errichtete man das Nationalmuseum in Kuwait. Zwei Gebäude dieser Anlage erlitten im Golfkrieg 1990/91 Brandschäden (Abbildung 2).

2 Eisenbetonbauten in der Tradition des Mauerwerks- und Holzbaus

Die Ziegelsteinfassaden der Lagerhalle in Osthofen lassen zunächst nicht vermuten, dass es sich hier um ein Betonbauwerk handelt. Tritt man dann in die Halle ein, wirkt das Baugefüge vertraut. In Gebäudequerrichtung beträgt das Achsmaß der Stützen 5,5 m, in Längsrichtung 6,3 m. Die Stützen haben Querschnitte von 25 x 25 cm, die Unterzüge von 25 x 35 cm. Vouten, die an Kopfbänder erinnern, streben von den Stützen zu den Unterzügen. Die Kanten der Bauteile sind gefast. Die Fasen beginnen und enden mit Schiffskehlen. Struktur, Querschnitte und Form erinnern bis ins Detail an Ausführungen im Holzbau (Abbildung 7 und 8).

Abb. 7

Abb. 8

Die Feierhalle in Jena-Göschwitz wurde wie ein Holzfachwerkbau aus vorgefertigten Eisenbetonstützen und -riegeln errichtet. Die Gefache mauerte man mit Betonsteinen aus. In den Säulen, Stützen und Balustern ordnete man mittig Vierkanteisenstäbe an, wie man das vom Verdollen im Mauerwerksbau kannte. In jede dritte Mauerfuge legte man Flacheisenbänder in der Tradition des Verschlauderns von Mauerwerk ein.

Im Jahr 1981 entdeckte man in einer Flurdecke über dem 2. Obergeschoss des Suso-Gymnasiums in Konstanz Risse. Untersuchungen durch örtliche Ingenieure führten zu dem Ergebnis, dass in den Decken nur etwa 50 % der Bewehrung liegt, die sich nach einer Bemessung auf der Grundlage der heutigen Norm ergibt. Nach einer stufenweise mit Sandsäcken aufgebrachten Last von 5,0 kN/m² wurde eine Durchbiegung von etwa 1 mm gemessen. Das war deutlich weniger als erwartet. Risse als Indiz für ein Erreichen der Grenze der Tragfähigkeit zeigten sich nicht. Dennoch forderten die hinzugezogenen Ingenieure eine grundlegende Sanierung. Ausgeräumt werden sollte ein ca. 14 cm hoher Fußbodenaufbau aus Schlackebeton und Estrich. Danach sollte über der vorhandenen Eisenbetondecke eine neue, 12 cm dicke Stahlbetondecke eingebaut werden. Die dafür aufzuwendenden Kosten wurden auf ca. DM 800.000 geschätzt.

Als man unser Büro zur Überprüfung der Ergebnisse heranzog, schlugen wir vor, die absoluten Stahlspannungen zu messen. Dazu wurde ein Belastungsversuch mit p = 3,5 kN/m² in den Klassenräumen und 4,3 kN/m² in den Fluren gemacht. Gemessen wurde mit DMS-Streifen. Unter der Last nahmen die Stahlspannungen nur unwesentlich zu. Insgesamt blieben die Stahlspannungen infolge der Gesamtlast beträchtlich unter der nach heutiger Vorschrift zulässigen Grenze. Der Grund dafür waren sehr steife horizontale Widerlager der Decken. Infolgedessen traten auch so gut wie keine Durchbiegungen der Decken ein. Unter der Bedingung unverschieblicher Auflager sind bis zu 50 % der Deckenbewehrung gegenüber der Bemessung nach der reinen Biegetheorie einzusparen.

3 Sondieren, Schlussfolgerungen und Sanierungsmaßnahmen

Um die richtigen Entscheidungen treffen zu können ist es erforderlich, sich ein zutreffendes Bild von der statisch-konstruktiven Durchbildung und Tragwirkung eines Bauteils zu verschaffen. Das ist bei dem Verbundbaustoff Beton und Eisen bzw. Stahl nur mit besonderem Aufwand möglich. Induktive Untersuchungen haben den Vorteil, dass sie zu genauen Ergebnissen hinsichtlich der Lage und der Betondeckung der Bewehrung führen. Sondierungen bis in große Betontiefe vermag dieses Verfahren in der Regel nicht zu leisten und bei großflächigen Sondierungen ist ein erheblicher Zeitaufwand erforderlich. Georadaruntersuchungen sind in dem Fall besser geeignet. Auch die Bewehrungslage ist damit gut zu sondieren, hingegen sind die Bewehrungsquerschnitte nur grob nach den Klassen dünn, mittel und dick zu interpretieren.

Die Grenzen zwischen einer zerstörungsarmen und einer zerstörenden Erkundung sind fließend. Wenn Bewehrungseisen freigelegt oder Proben entnommen werden müssen, sollten vorab zur Orientierung möglichst zerstörungsfreie Untersuchungen vorgenommen werden. Gedankenlose Probeentnahmen können im Stahlbetonbau einen erheblichen Aufwand zum Wiederherstellen eines Bauteils zur Folge haben (Abbildung 9).

Abb. 9

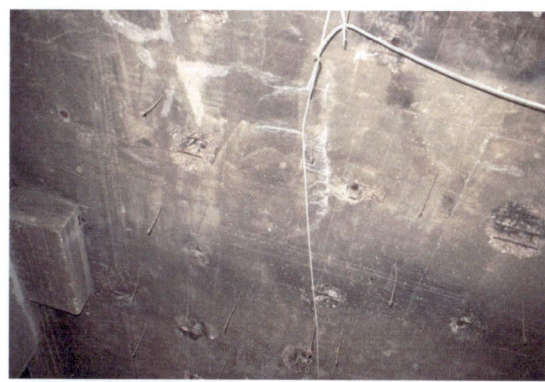

Abb. 10

Das Ergründen einer Schadensursache hat in der Regel mehrere Aspekte. Neben den materialtechnologischen und statisch-konstruktiven Belangen nehmen die Mängel und Schäden infolge menschlicher Unzulänglichkeit einen beträchtlichen Raum ein. Die durch den Anprall eines Gabelstaplers verursachten Schäden an den Stützen in der Lagerhalle Osthofen zählen dazu. Ein weiteres Beispiel zeigt die Abbildung 10. Die Deckenunterseite in einem Gebäude des Nationalmuseums in Kuwait wies in mehr oder weniger regelmäßigen Abständen Betonausbrüche und Risse auf. Auf der Deckenoberseite gab es keinen Anhalt für die Schadensursache. Nachfragen führten schließlich zu dem Ergebnis, dass man beim Setzen von Bodendosen einen schweren Schlaghammer, wie er im Straßenbau gebräuchlichen ist, eingesetzt hatte.

In demselben Gebäude wurde nach dem Abnehmen einer aufgerissenen Betondeckung am Kopf einer Stütze deutlich, dass nicht hohe Rauchgastemperaturen oder korrodierende Bewehrung den Schaden verursacht hatten, sondern am Stützenkopf keine Bügelumschnürungen vorhanden waren (Abbildung 11 und 12).

Auf mehreren „Unterzügen" des Daches zeichneten sich in regelmäßigen Abständen schmale Risse in der Zugzone ab.

Abb. 11

Abb. 12

Der Gestaltung nach zu urteilen, war das Dach als Faltwerk ausgeführt. Vor dem Brand war der Dachraum für umfangreiche Installationsführungen genutzt worden und mit einer abgehängten Decke versehen. Erst durch das Erfassen und Zeichnen der Deckenstruktur wurden räumliche Beziehungen zwischen geschlossenen und offenen Deckenflächen unter dem Dach deutlich. Als wir daraufhin Dämmplatten von den Dachschrägen abnehmen ließen, zeichneten sich bauliche Veränderungen in den geneigten Dachscheiben ab. In dem untersuchten

Dachabschnitt war das Dach mit einem großen Fenster erbaut worden. Im Abschnitt des „Dachfensters" hatte man später die Dämmung auf die Schalung gelegt, unmittelbar auf der Dämmung ohne Abstandshalter die Bewehrung verlegt und dann betoniert. Im Gegensatz dazu waren die „bauzeitlichen" Flächen betonsichtig ausgeführt und die Dämmplatten im Nachhinein punktuell aufgeklebt worden. Das heißt, ursprünglich war in der Dachscheibe mit großer Öffnung keine Scheibentragwirkung möglich (Abbildung 13 und 14).

Abb. 13

Abb. 14

Die wenigen Beispiele verdeutlichen, wie sich das Ergründen der baulichen Veränderungen und der Schadensursachen auf das Untersuchungsergebnis auswirken kann. In den folgenden Beispielen soll aufgezeigt werden, dass es keine festen Regeln für das statisch-konstruktive Instandsetzen von Betonbauten gibt, sondern dass man immer wieder mit speziellen Maßnahmen auf die Befunde reagieren muss.

4 Maßnahmen zur Instandsetzung der Feierhalle in Jena-Göschwitz

Die in den Lagerfugen zwischen den Betonsteinen eingebauten Bandeisen wurden vom Mauermörtel nicht ausreichend vor Korrosion geschützt. Dort, wo die Eisen korrodierten und damit an Volumen zunahmen, hoben sie das Mauerwerk darüber an. Seitlich war der Verbund zwischen den Steinen und den Stützen so gut, dass die Gefache auch die Stützen anhoben. Dabei kam es stellenweise zu Rissen in den Stützen (Abbildung 15). Um die Schadensursache zu beheben, wurden die Bandeisen aus den Lagerfugen herausgelöst, die Fugen und Risse verschlossen und injiziert (Abbildung 16). Die Mauerlatten – zugleich Pfetten des Daches – auf einem Absatz der Wandkronen waren in erheblichem Umfang morsch und teilweise vollständig zerfallen. Schadensursache war nicht nur eine undichte Eindeckung, sondern auch die Ausbildung der Traufe mit einer aufgesetzten Rinne. Die Holzreste wurden ausgeräumt und durch einen Stahlbetonbalken ersetzt (Abbildung 17).

zontalen Risse wurden nicht durch korrodierende Bewehrung verursacht, sondern vermutlich durch Unregelmäßigkeiten im Herstellungsprozess. Die zunächst sehr dünnen Risse zogen Wasser, Frost zermürbte insbesondere das Gefüge einer Säule in exponierter Lage (Abbildung 18). Ein aufgespalteter Baluster zeigt den inneren Aufbau der Bauteile. Ein mittig angeordneter Eisenstab verbindet den aus Elementen zusammengesetzten Baluster. Über die Dünnbettmörtelfugen, Risse und den Beton gelangte Feuchte an das Eisen. Korrosion sprengte das Gefüge.

Eine der Portikussäulen war derart geschädigt, dass sie ersetzt werden musste. Aus den anderen Säulenschäften wurde der jeweils mittig angeordnete Eisenstab mit einer Kernbohrung herausgelöst, durch einen nichtrostenden Stahl ersetzt und der Bohrkanal danach verpresst. Bei dem Versuch, auch die Eisen aus den Balustern auszubohren, scherten diese in den „Taillen" ab. Unter den Voraussetzungen einer besseren Zentrierung und Einspannung der Werkstücke müssten jedoch auch filigrane Bauteile auf diese Weise instand zu setzen sein.

Abb. 15

Abb. 17

Abb. 16

Abb. 18

Das gibt den Wänden oben einen guten Halt, zumal das Dach keine Zerrbalken besitzt, sondern nur in Raummitte einen Zuganker. Das im Bauzustand aufgebockte Dach wurde repariert und an die Betonbalken angeschlossen.

Die Schäfte der Portikussäulen wiesen horizontale und vereinzelt auch vertikale Risse auf. Die hori-

5 Sicherung der Eisenbetondecken des Hallendachs der Papierfabrik in Osthofen

Die Unterzüge des Hallendachs haben sich bis zu etwa 6 cm, die Deckenplatten bis zu etwa 10 cm durchgebogen. Die Verformungen sind so groß, dass sie mit dem bloßen Auge zu erkennen sind. In einzelnen Feldern zeichnen sich auf der Unterseite der zwischen 9,5 und 11,5 cm dicken Decken kreisförmig Sinterungen ab (Abbildung 19). Zu den erheblichen Verformung trugen die große Schlankheit der Decken, das Fehlen einer oberen Bewehrung über den Unterzügen und Mehrlasten aus Teichbildungen auf der Oberseite der Decke und aus vielen Lagen Bitumenpappe mit einer Gesamtdicke von ca. 60 mm bei. Da die Tragfähigkeit der Decken rechnerisch nur näherungsweise eingegrenzt werden konnte, entschlossen wir uns, die tatsächliche Tragfähigkeit mit Hilfe eines Belastungsversuches zu ermitteln. Dazu wurden auf zwei Deckenfeldern schachbrettartig je

Abb. 19

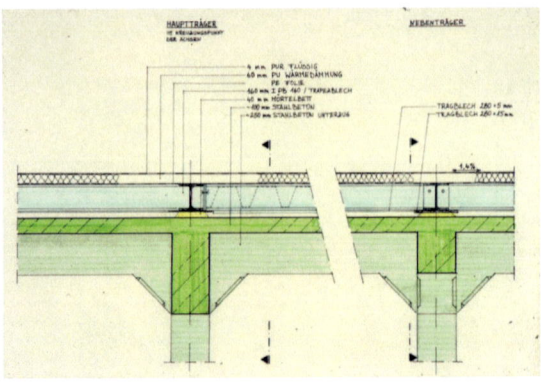

Abb. 20

14 Felder mit Europaletten abgegrenzt. Danach wurde auf den ca. 35 m² großen Deckenfeldern in sieben Stufen je eine Last von 3.654 kg aufgebracht. Daraus ergibt sich eine Flächenlast von 1,05 kN/m².

Berücksichtigt man für die Betondecke, die Mörtelausgleichsschicht und die Bitumenschichten ein Eigengewicht von 3,0 kN/m² und für den Schnee eine Verkehrslast von 0,75 kN/m², so betrug die Tragsicherheit zum Zeitpunkt der Untersuchung noch etwa (3,0 + 1,05) / 3,75 ~ 1,08.

Die Lagerhalle der ehemaligen Papierfabrik in Osthofen besitzt zwei Denkmaleigenschaften. Von den Nazis als Konzentrationslager genutzt, ist sie heute Gedenkstätte. Als früher Eisenbetonhallenbau gilt sie als Kulturdenkmal. Daher bestand ein wesentliches Ziel der Sanierung darin, den Raumcharakter und die Raumschalen der Halle zu erhalten. Erreicht wurde das gesteckte Ziel durch Leichtern und durch Lastumlagerung. Durch den Abtrag der Bitumenbahnen und des Ausgleichmörtels hat die Betondecke jetzt 0,3 kN/m² weniger zu tragen. Ein zweischaliger Deckenaufbau entlastete die Betondecke von der Schneelast. Abbildung 20 zeigt den neuen Deckenaufbau aus Stahlträgern, Trapezblechen, Schalung, Dämmung und Sperre.

Die Stahlträger sind direkt über den Stützen aufgelagert, die Betondecke ist nicht mehr in dem Maß wie früher wechselnden Temperaturen ausgesetzt und auf der Oberseite der Deckenfelder steht kein Wasser mehr. Der neue Deckenaufbau bleibt auf drei Seiten des Hallenbaus hinter den Zinnen der Fassaden verborgen (Abbildung 21). Auf der Traufseite veränderten sich die Proportionen nur geringfügig. Da mit der Probebelastung nur die Tragfähigkeit von zwei Deckenfeldern nachgewiesen werden konnte, aber auch Unterzüge in anderen Deckenfeldern Anrisse aufweisen, entschlossen wir uns, die erheblich angerissenen Unterzüge vorsorglich mit Schlaudern an den Stahlträgern über dem Dach zurückzuverhängen (Abbildung 22).

Abb. 21

Abb. 22

Auch in der Halle in Osthofen waren Betonschäden durch Reprofilieren zu beseitigen. Der Stellenwert des Reprofilierens auf das Erscheinungsbild war hier aber von untergeordneter Bedeutung. Bestimmend für den Sanierungserfolg waren letztlich eine ganzheitliche Betrachtung und Behandlung des Bauwerks und die daraus entwickelten statisch-konstruktiven Maßnahmen.

6   Abbildungsnachweis

Abbildungen 1 bis 22: Der Verfasser

Umsetzung gestalterischer Aspekte der Instandsetzung

Hubert Baumstark

Zusammenfassung

Die Instandsetzung von Bauteilen aus Beton wirft im Bereich von Oberflächen aus Sichtbeton besondere Fragen der Gestaltung auf. Das gegebene Regelwerk eröffnet bei genauer Analyse Möglichkeiten, die von den verbreiteten Endbeschichtungen wegführen. Zusammen mit Materialtechnologen und Bauingenieuren können Architekten heute Instandsetzungsplanungen entwickeln, die das Erscheinungsbild von Bauwerken aus Sichtbeton entsprechend der ursprünglichen Intention des Planers über mehrere Instandsetzungszyklen der Bauunterhaltung weitertragen. Die denkmalpflegerische Begründung tritt dabei weit hinter die technischen und ökonomischen Vorteile zurück.

1   Einführung

Die gestalterische Erscheinung einer Instandsetzung ist das Ergebnis einer Abfolge vieler Einzelentscheidungen im Prozess einer Instandsetzungsmaßnahme. Beginnend mit den ersten Überlegungen zu einem Instandsetzungsvorhaben entscheidet dabei die Qualität jeder einzelnen Entscheidung über die erreichbare Qualität des Ergebnisses. Das trifft grundsätzlich auf Planungsprozesse jeder Art zu und klingt zunächst banal.

Im Gegensatz zu anderen Gewerken der Instandsetzung wie Mauerwerk, Naturstein, Holz u.ä. ist bei der Instandsetzung von Bauwerken aus Beton jedoch ein umfangreiches, eigens mit diesem Themenbereich befaßtes technisches Regelwerk zu beachten. Die dort vorgegebenen Schritte der Instandsetzung, die dort zugelassenen und den unterschiedlichsten Anforderungen folgenden Baustoffe führen scheinbar zwingend zu einer abschließenden Beschichtung als dem immer wiederkehrenden letzten Arbeitsschritt und dem Verlust der originären Sichtbetonoberflächen.

Wie bei allen Instandsetzungen, bei denen es um Arbeiten an der konstruktiven Substanz eines Bauwerkes geht - und darum geht es bei der Instandsetzung von Sichtbetonoberflächen üblicherweise -, wird das gestalterische Ergebnis vom Zusammenwirken aller Beteiligten, vor allem den planenden Architekten, den Ingenieuren und im speziellen Fall des Sichtbetons von den Baustofftechnologen bestimmt. Nur mit deren fachlicher Kompetenz kann aus dem gegebenen Regelwerk die darin implizierte behutsame Instandsetzung von Sichtbeton mit dem Anspruch einer gestalterischen Qualität einerseits und dem substantiellen Erhalt der ungeschädigten Oberflächen andererseits herauskristallisiert werden.

In der jüngsten Vergangenheit war meist das denkmalpflegerische Interesse Ausgangspunkt einer die Substanz bewahrenden Instandsetzung. Durch den Begriff der denkmalbedingten Mehrkosten, der das denkmalorientierte Subventionswesen begleitet, wurde suggeriert, daß die behutsamen Vorgehensweisen grundsätzlich kostenintensiver seien, als das Instandsetzen ohne die lästigen Auflagen der Denkmalpflege. Die auf den notwendigen Umfang genau eingegrenzten Maßnahmen einer behutsamen Instandsetzung versprechen dagegen gerade bei der Instandsetzung von Sichtbeton Einsparungen, häufig bereits im Rahmen einer grundlegenden Erstinstandsetzung, vor allem jedoch im regelmäßig wiederkehrenden Bauunterhalt.

2   Gestalterische Aspekte in den bestehenden Regelwerken

2.1   Die Gestaltung bei der Herstellung von Sichtbeton

Für die Herstellung von Sichtbeton gibt es „weder eine verbindliche Definition noch Vorschriften oder Richtlinien" [1]. Folgerichtig ist der Begriff Sichtbeton in den einschlägigen Regelwerken tatsächlich nicht zu finden. Im zitierten Merkblatt für Ausschreibung, Herstellung und Abnahme von Beton mit gestalteten Ansichtsflächen, herausgegeben vom Bundesverband der Deutschen Zementindustrie, wird dies damit begründet, „daß eine Reihe von Einflüssen bei der Herstellung und Ausführung (von Sichtbeton) nicht sicher vorherzusehen und technologisch zu beherrschen sind." [2].

Dem Thema der Instandsetzung nach dem Ausschalen ist ein auffallend kurzer Abschnitt gewidmet. Er schließt mit der Feststellung, daß solche Ausbesserungen „auch bei größtem handwerklichen Geschick als solche erkennbar" blieben. Gleichzeitig wird empfohlen abzuwägen, „ob auf eine Ausbesserung geringer optischer Fehlstellen verzichtet werden kann." [3].

Dennoch gibt es natürlich jene gestalterischen Aspekte, um die sich die Ingenieure und Architekten schon seit den Anfängen des Eisenbetonbaus bis heute unter unterschiedlichsten Vorzeichen bemühen und die wir unter einem weit gespannten Sichtbetonbegriff zusammenfassen [4].

2.2 Die Gestaltung bei der Instandsetzung von Sichtbeton

Für den Hochbau regelt DIN 18349 unter dem Titel Betonerhaltungsarbeiten die Arbeiten zur Erhaltung und Instandsetzung von Bauteilen aus bewehrtem oder unbewehrtem Beton. In dieser Norm wird u.a. auch auf die Richtlinie für Schutz und Instandsetzung von Betonbauteilen (RILI-SIB) vom Deutschen Ausschuß für Stahlbeton (DAfStb) verwiesen [5]. Unter Teil 1, 1.1 Geltungsbereich ist unter c) die „Erneuerung des Betons im oberflächennahen Bereich (Randbereich), wenn der Beton durch äußere Einflüsse oder infolge Korrosion der Bewehrung geschädigt ist" genannt. Und weiter muß „Mit der Beurteilung und Planung ... ein sachkundiger Planungsingenieur beauftragt werden, der die erforderlichen besonderen Kenntnisse auf dem Gebiet von Schutz und Instandsetzung von Betonbauteilen hat". Außerdem müssen in jeder Phase der Bauausführung die Fragen der Standsicherheit verantwortlich beurteilt und begleitet werden.

In „2. Grundsätze für Schutz und Instandsetzung des Betons" werden Begriffe definiert und ganz allgemein mögliche Arbeitsweisen vorgezeichnet.

Unter dem Begriff des Schutzes sind Maßnahmen zur Erhöhung der Widerstandsfähigkeit gegen besondere chemische oder mechanische Einwirkungen zusammengefaßt. Schutz bezeichnet dabei immer die abschließenden Beschichtungen, auf deren gestalterische Qualität die Beschichtungs- und Antrichunternehmen spezialisiert sind.

Unter dem Begriff der Instandsetzung sind die Maßnahmen zusammengefaßt, die den dauerhaften Ersatz von zerstörtem oder abgetragenem Beton durch Beton oder Mörtel zum Ziel haben sowie den dazugehörigen Korrosionsschutz. Auch hier bleibt das eventuell erforderliche Aufbringen eines dauerhaften Schutzes nicht unerwähnt, womit wieder die abschließenden Beschichtungen angesprochen werden.

Unter OZ „2.3.2.2 Ausfüllen örtlich begrenzter Fehlstellen" zur Wiederherstellung der ursprünglichen Bauteiloberfläche wird der Begriff Reprofilierung eingeführt. Allerdings wird diese Maßnahme im gleichen Absatz zunächst eingeschränkt auf Schäden, die nicht durch korrodierende Bewehrung hervorgerufen wurden. ... Die Angaben zur Arbeitsweise, „Der Auftrag erfolgt von Hand, als Ortbeton in Schalung ...", und zum verwendbaren Material, „... zementgebundene Mörtel und Betone ...", weisen dennoch endlich einen Pfad auf dem Weg zur Rückgewinnung einer adäquaten Oberfläche.

Von übergeordnetem Interesse sind zuletzt die unter „2.3.3 Anforderung an die Einzelmaßnahmen"

aufgelisteten Hinweise wie „e) Durch eine Beschichtung oder eine andere Instandsetzungsmaßnahme dürfen ... keine bauphysikalisch und chemisch ungünstigen Verhältnisse geschaffen werden, die Folgeschäden verursachen können." und weiter unter „f) Die vorgesehenen Baustoffe ... sind auf die Eigenschaften des Untergrundes abzustimmen ...".

Diese Hinweise sind umso erstaunlicher, als die gängigen Materialien genau diese Kriterien häufig vernachlässigen.

3 Die Erscheinungsformen gestalteter Sichtbetonflächen

Ähnlich wie Naturstein beziehen Sichtbeton und Betonwerksteine ihr Aussehen aus den Farben ihrer Bestandteile, aus den Einwirkungen der Entstehungsbedingungen, aus einer eventuellen Bearbeitung der Oberfläche und aus den Beanspruchungen während der Standzeit. Für die Instandsetzung sind dementsprechend zunächst sämtliche Kriterien der Oberflächengenese einer sorgfältigen Analyse zu unterziehen.

Die erste Frage gilt der planerischen Absicht. Woraus bestand die Schalung, wie war sie konstruiert und wie war sie behandelt worden. Eine umfassende baustofftechnologische Untersuchung gibt Auskunft über die technischen Werte des verwendeten Betons, über seine Kornstruktur und seine Kornfarben.

In zweiter Linie ist zu beschreiben, wie sich das Ergebnis des Betoniervorganges tatsächlich darstellt. Wie wurden die unausweichlichen Arbeitshorizonte angeordnet, gibt es Zonen der Entmischung, ist an undichten Schalungsstößen Zementleim ausgetreten und wie hat es mit der leidigen Betondeckung wirklich geklappt. Dabei finden sich regelmäßig auch die bauzeitlichen Reparaturen, mit denen man einige der genannten Mängel gleich nach dem Ausschalen zu beseitigen versuchte. Für die Planung der Instandsetzung ist besonders darauf zu achten, welche Mängel toleriert, also nicht beseitigt wurden, und wie sich diese Bereiche seither entwickelt haben.

Zuletzt gibt es die Verwitterungsbedingungen, denen die Oberfläche seit ihrer Herstellung ausgesetzt war. Sehr gut lassen sich die speziellen Auswirkungen der Orientierung, der Lage in Bezug auf Emissionsquellen in der näheren und weiteren Umgebung, auf vorbeiführende Straßen u.ä. unterscheiden. Die Oberflächen weisen spezielle Verschmutzungen auf, sie zeigen Bewuchs durch Moose und Flechten oder sie sanden ab. Dann gibt es Rostflecken, die ausnahmsweise nicht von korrodierender Bewehrung verursacht sind, sondern aus dem Zuschlag herrühren oder von Rödeldrähten verursacht sind, die nur oberflächenbündig abgezwickt wurden. Oder man findet Abstandshalter aus Abschnitten von Dachlatten, die silbergrau verwittert sind und keine weiteren Auffälligkeiten zeigen.

4 Praktische Umsetzung

4.1 Betonreparaturen nach dem Ausschalen

Die ersten Reparaturen an Sichtbetonflächen werden üblicherweise unmittelbar nach dem Ausschalen vorgenommen. Ausgebrochene Kanten werden nachgezogen, Entmischungszonen werden überspachtelt. Diese Reparaturen folgen meist dem zufälligen Umriß der Schadstelle. Als Reparaturmörtel wird gerne ein Mörtelauszug aus dem Baustellenbeton eingesetzt. Das Ergebnis ist häufig überraschend unauffällig, da sich ein solcher Mörtel optisch naturgemäß gut in die umgebende Oberfläche einfügt. Die gemeinsame Alterung mit der umgebenden Oberfläche tut das übrige und da der Mörtel zeitnah, fast frisch in frisch aufgetragen wurde, haftet er darüber hinaus sehr gut an. Schäden sind hier im übrigen ausgesprochen selten anzutreffen.

Wie aus dem o.g. Merkblatt der Zementindustrie bereits zitiert, gilt es bereits nach dem Ausschalen klar zu unterscheiden ob ein eindeutiger Schaden vorliegt, ob ein Mangel Ausgangspunkt für einen Schaden sein kann oder ob ein Mangel nur eine geringe optische Fehlstelle ist.

4.2 Betonreparaturen im Rahmen der Bauunterhaltung

Gleichartige Bewertungen müssen auch jeder Maßnahme im Rahmen der Bauunterhaltung vorangestellt werden. Mit Hilfe dieser Bewertungen werden die Weichen für die Art und den Umfang der notwendigen Instandsetzung gestellt, durch die das spätere Erscheinungsbild einer instand zu setzenden Sichtbetonoberfläche entscheidend geprägt wird.

Vergleichbar mit der Herstellung des Sichtbetons ist die Gestaltung einer Instandsetzung von Sichtbeton von einer ganzen Reihe von gut und weniger gut steuerbaren Faktoren abhängig. Wie wir am Beispiel der Reparaturen nach dem Ausschalen immer wieder sehen können, sind Mörtel aus dem Ausgangsmaterial offenbar gut geeignete Instandsetzungsmörtel. Sie allein erfüllen auch die oben genannten Anforderung an die Einzelmaßnahmen: sie sind optimal auf die Eigenschaften des Untergrundes abgestimmt.

Daraus folgt, daß für jede Instandsetzung zunächst ein Mörtel zu entwickeln ist, der dem vorhandenen Beton weitestgehend entspricht. Diese Entsprechung bezieht sich auf sämtliche Komponenten des vorhandenen Betons. Wird beginnend bei der Sieblinie der Zuschläge über die Farbigkeit der einzelnen Kornfraktionen, der Farbe des verwendeten Zementes, der Porenstruktur des Betons und einigem anderen mehr der jeweilige Instandsetzungsmörtel in seinen einzelnen Komponenten immer wieder neu rekonstruiert, ist zudem die wesentliche Grundlage für den gestalterischen Erfolg einer Instandsetzung gelegt. Aus Gründen der Gestaltung gibt es dann jedenfalls keinen Grund mehr, die Oberfläche unter einer abschließenden Beschichtung zu verstecken.

4.3 Oberflächentechniken

Das tatsächliche Aussehen einer Reparaturstelle hängt zuletzt jedoch von der unmittelbaren Herstellung der Oberfläche ab. Da ist zunächst die Oberfläche des umgebenden Betons, in die sich die Reparaturstelle einfügen soll. Hier sind einfachere Oberflächen von schwierigeren Oberflächen zu unterscheiden.

Die Oberfläche einer Stahlschalung ist so glatt, daß sie mit Mörteltechniken kaum nachgestellt werden kann. Erheblich einfacher ist es dagegen, die Struktur einer sägerauhen oder gebürsteten Holzstruktur nachzuahmen. An ausgeführten Instandsetzungen sieht man dennoch häufig in den Mörtel gekratzte Maserungen oder eingetiefte Schalungsstöße, wo doch die Schalungsabdrücke jeweils weder Ritzzeichnungen ausweisen – sie müßten ja als erhabene Linien auf der Schalung gesessen haben – noch hatten die Schalbretter Randerhebungen, die Voraussetzung einer dann eingetieften Linie wären.

Die notwendigen Arbeitstechniken erfordern stattdessen ein handwerklich-restauratorisches Fingerspitzengefühl im Umgang mit herkömmlichen Kellen und Spachteln in allen Größen und Formen, mit Brettern, Lappen und Schwämmen. Ganz findige Rekonstrukteure haben auch schon, wie das aus der Zierputztechnik bekannt ist, Schablonenwalzen mit dem Kautschukabdruck einer Brettoberfläche über die Reprofilierungsstelle gerollt und erstaunliche Wirkungen erzielt.

Besonders hilfreich bei der Gestaltung von Instandsetzungen sind sämtliche steinmetzmäßigen Bearbeitungen von Oberflächen. Noch aus der Natursteinbearbeitung geprägt, waren Betonsteingewände bis in die 60er Jahre häufig fein scharriert. Architekturen der 30er Jahre waren zum Teil über die gesamte Oberfläche grob scharriert mit aufgesetztem Hieb oder über große Flächen gestockt oder gekrönelt und mit unterschiedlichen Randschlagtechniken gerahmt. Solche Oberflächen leben sehr stark aus der Wirkung von Licht und Schatten. Die entsprechend sorgfältig gearbeiteten Reparaturstellen fügen sich üblicherweise gut in die vorgegebene Textur der Umgebung ein.

Zuletzt sind die Spuren der Verwitterung maßvoll in die Reparaturstelle einzutragen. Besitzt der umgebende Beton noch die Zementhaut, wird auch die Reparaturstelle eine Zementhaut besitzen müssen. Neigt der umgebende Beton zum Absanden, wird auch der Reparaturbeton zumindest oberflächig das Erscheinungsbild eines ein wenig absandenden Betons imitieren müssen. Gibt es im angrenzenden Beton kleinere Betonierfehler, sollte auch die Reparatur entsprechende „Fehler" andeuten.

Auf die technisch richtige Randausbildung der Reparaturstelle wurde an anderer Stelle bereits hingewiesen. In Anlehnung an die Technik der am Naturstein steinmetzmäßig ausgearbeiteten Vierung ist es bei einer Reparatur in Beton darüber hinaus auch gestalterisch sinnvoll, Randschnitte orthogonal anzuordnen. Orthogonal geführte Schnitte folgen im Normalfall zunächst dem statischen Empfinden der Lastabtragung. In Abhängigkeit von der Gestaltung des Sichtbetons bedeutet orthogonal allerdings nicht zwingend vertikal und horizontal, sondern folgt den übergeordneten Kriterien der Texturen der Oberfläche des vorhandenen Sichtbetons. Die Größe einer Reparaturstelle richtet sich daher ebenfalls nicht allein nach der Größe der Schadstelle, sondern nach den gestalterischen Vorgaben der vorhandenen Umgebung.

Der Vollständigkeit zuliebe sei hier nur erwähnt, daß in Einzelfällen auch schon die abplatzenden Oberflächenscherben geborgen und auf den vorbereiteten Untergrund rückappliziert wurden. Abgesehen von den Problemen mit den dünn auslaufenden, instabilen Rändern, dem erforderlichen Korrosionsschutz der Bewehrung, der meist nicht auf die Abplatzung beschränkt werden kann, und der Zusammensetzung des Applikationsmörtels, passen die verwitterten Oberflächen dieser Scherben natürlich am besten zum vorhandenen Beton und fügen sich fast nahtlos in die angestammte Umgebung ein.

4.4 Schlussbemerkungen

Bei Vorhaben der öffentlichen Hand steht vor der optimalen Durchführung der oben dargestellten Technik einer behutsamen Instandsetzung von Sichtbetonoberflächen die Hürde der öffentlichen Ausschreibung. In Ausnahmefällen kann die Hürde durch eine beschränkte Ausschreibung ein wenig abgemildert werden. Alle der seit dem Prototyp Liederhalle Stuttgart ausgeführten Sichtbetonistandsetzungen, an denen der Autor beteiligt war, wurden öffentlich oder zumindest beschränkt ausgeschrieben.

Die ausführenden Firmen waren bisher Steinmetzbetriebe, normale Bauunternehmen, auf Betonsanierung spezialisierte Unternehmen und einmal ein Malerbetrieb. Regelmäßig fehlten die grundlegenden Kenntnisse über die Herstellung von Sichtbeton und damit auch eine Vorstellung über die handwerklichen Mittel für die Gestaltung der Oberfläche einer Instandsetzung. Außer bei den Steinmetzen mußten mit jeder der Firmen zuerst wesentliche Werkzeuge beschafft werden, die für die Bearbeitung der Oberflächen erforderlich sind. Die gelegentlich vorhandenen Qualifikationen durch SIVV-Scheine waren gerade in Hinblick auf die Gestaltung nicht erkennbar von Nutzen.

Für den gestalterischen Erfolg ist vor allem die Kompetenz der planenden, der ausschreibenden und der bauleitenden Fachleute gefordert. Sie müssen zunächst die geplante Leistung eindeutig beschreiben und dann die Umsetzung der Leistung in allen Phasen der Ausführung fachlich anleiten und technisch kontrollieren.

5 Literaturverzeichniss

[1] Sichtbeton, Merkblatt für Ausschreibung, Herstellung und Abnahme von Beton mit gestalteten Ansichtsflächen, Hrsg. Bundesverband der Deutschen Zementindustrie, Fassung März 1997, S.3

[2] wie [1], S.3

[3] wie [1], S.17

[4] Hartwig Schmidt(2003), Bauten der Moderne mit Sichtbetonoberflächen – Bauwerke und ihre Restaurierung, IFS-Bericht Nr. 17–2003 Beton in der Denkmalpflege, Mainz, pp. 7-14

[5] Deutscher Ausschuss für Stahlbeton: DAfStb-Richtlinie – Schutz und Instandsetzung von Betonbauteilen, Berlin 2001, Zitate fortlaufend ohne Seitenangabe

Betonsanierung an Bauten der klassischen Moderne

Berthold Burkhardt

Zusammenfassung

Bei den Architekten der klassischen Moderne findet das Baumaterial Beton und vor allem der Stahlbeton vielfältige Anwendung. Vor allem Skelett- und weitgespannte Deckenkonstruktionen, sowie dünne auskragende Flachdächer konnten realisiert werden. Werden Industriebauten bereits Anfang des 20. Jahrhunderts in Sichtbeton ausgeführt, folgt im Hochbau die Verwendung des sichtbaren Betons als Architektursprache erst in der Nachkriegszeit. Unabhängig vom Umgang mit den sehr unterschiedlichen Betongüten- und -ausführungen wirft die Sanierung von Sichtbetonflächen Probleme auf, die erst noch in großem Umfang auf die Praxis zukommen.

1 Vorbemerkung

Unter Bauten der Moderne wurde lange Zeit vor allem eine Bauphase in der Weimarer Republik, also zwischen den beiden Weltkriegen verstanden. Sie basierte in Deutschland auf den Theorien und Entwicklungen einer avantgardistischen Gruppe von Architekten und Künstlern, von denen die Protagonisten unter der Leitung der Direktoren Walter Gropius, Ludwig Mies van der Rohe und Hannes Meyer zwischen 1927 und 1933 das Dessauer Bauhaus prägten und leiteten. Vergleichbare Tendenzen dieser so genannten klassischen Moderne entwickelten sich in anderen Ländern Europas, Holland, Frankreich, Tschechoslowakei bis zur Sowjetunion, um nur einige zu nennen. Die Moderne, deren Bauten durch eine neue kubische oder organische Formensprache auffallen, nutzte die technischen Entwicklungen der Zeit [1]. In der Industrialisierung des 19. und nunmehr 20. Jahrhunderts fanden die Architekten der Moderne ihren adäquaten Partner, um ihre Reformideen umzusetzen. Das bezog sich vor allem auf die Verwendung neuer Baumaterialien oder ihre Kombination, sowie die Gebäudetechnik insgesamt. Rohbausysteme aus Eisen- und Eisenbetonskelette, Massivdecken aus Fertigteilen und Ortbeton in Kombination mit Mauerwerk als geschlossenen und Glasfenster bzw. -fassaden für die offenen Flächen der Gebäudehüllen.

Seit der Nachkriegszeit wird der Begriff Moderne zunehmend ausgeweitet, nahezu jede auf die klassische Moderne folgende Ausrichtung der Architektur wurde mit dem Zusatz Moderne versehen: Nachkriegsmoderne, Postmoderne, u. a.

Die Baustoffe und insbesonders der Baustoff Stahlbeton, zunächst Eisenbeton genannt, spielt in dieser Entwicklung eine entscheidende Rolle. Es wäre nur konsequent und richtig, nicht nur in der Architektur, sondern auch die Ingenieure in der Entwicklungsgeschichte zu benennen [1].

In der klassischen Moderne wird der Stahlbeton konstruktiv für den Rohbau, für die Tragkonstruktion eingesetzt. Nur an wenigen Details trifft man ihn als Sichtbeton, überwiegend sind die Gebäude verputzt oder mit Platten verkleidet. Diese Tatsache erleichtert bei der denkmalgerechten Sanierung zumindest die Probleme bei der Oberflächenbehandlung. Der Sichtbeton wird zur architektonischen Sprache ab Ende der 50er Jahre, verstärkt danach in den 60er Jahren, als der missverständliche Begriff Brutalismus eingeführt wurde. Der Brutalsimus meint im ursprünglichen Sinne die sichtbare unverkleidete Konstruktion, ja sogar auch sichtbar gelassene technische Gebäudeausrüstung. Die Bezeichnung béton brut geht auf Le Corbusier zurück, der den Sichtbeton mit den Spuren der Schalung als Gestaltungselement bei vielen seiner Gebäude einsetzte.

Viel früher als in der Hochbauarchitektur kommt der Sichtbeton, sicher aus pragmatischen, weniger aus ästhetischen Gründen, im Ingenieurbau in der ersten Hälfte des 20. Jahrhunderts zur Anwendung. Wasserbehälter und Brücken von Maillart, Speicher und Gasometer von Erlwein, Luftschiffhallen und Hangars von Freyssinet und Nervi sind ausgewählte und nennenswerte Beispiele.

2 Fallbeispiele

2.1 Das Doppelhaus von Le Corbusier und Pierre Jeanneret auf der Weißenhofsiedlung in Stuttgart 1927

Die Werkbundsiedlung auf dem Stuttgart Weißenhof zeigte 1927 als Ausstellung neue Ideen zum Thema Wohnen, gleichermaßen aber auch neue Technologien des Hausbaus einschließlich der Gebäudeausstattung. Unter den eingeladenen Architekten, die ausschließlich zur Avantgarde des Neuen Bauens zählten, konnten Pierre Jeanneret und Le Corbusier zwei Häuser realisieren [3]. Im Katalog wird die Tragkonstruktion als „das konstruktive Gerippe ausschließlich in Eisenbeton-Rahmenwerk" bezeichnet.

Die zurzeit in Ausführung befindliche Generalsanierung betrifft auch die außenliegenden Betonteile, vor allem das sog. Flugdach, das sich über die gesamte Längsseite spannt. Bereits 1984 erfolgte eine Grundsanierung, deren Reparaturmaßnahmen erneut mit einbezogen werden müssen. In Bereichen des karbonarisierten Betons (unter einer zementgebundenen Spachtelmaße) muss die Bewehrung frei gelegt und mit einem mineralischen Korrosionsschutz versehen werden. Wie viel Originalsubstanz abgenommen werden muss, wird sich erst im Zuge der Freilegungen zeigen. Obwohl eine Reprofilierung mit mineralischem Mörtel angedacht ist, kann eine Totalerneuerung nicht zuletzt aus Kostengründen bis heute nicht ausgeschlossen werden. Bei der Reparatur wird sowohl auf die konstruktiven, bauphysikalischen aber auch die gestalterischen Aspekte der Oberflächen Wert gelegt (Abbildung 1 und 2).

Abb. 1: Sanierung: Architekten 109 Arnold + Fentzloff Stuttgart, Büro für Baukonstruktionen Karlsruhe

Abb. 2: Sanierung: Architekten 109 Arnold + Fentzloff Stuttgart, Büro für Baukonstruktionen Karlsruhe, Betonschäden

2.2 Die Caltex Tankstelle in Hannover-Badenstedt, 1951

Tankstellenüberdachungen sind ein Gebäudetyp, der im Zuge der Motorisierung im Stadt- und Straßenbild besonders in Erscheinung trat. Leichte Dächer, sog. Flugdächer sollten die durch das Kraftfahrzeug gewonnene Mobilität im Besonderen unterstreichen. Geschwungene, dünne auskragende Dächer wurden

vielfach in Stahlbeton ausgeführt. Allerdings sind nur noch wenige dieser Bauten erhalten. Ihr Standort an immer breiter auszubauenden Straßen, die Umwandlung von der Servicestelle für Motor und Benzin in kleine Shopping Zentren erklären den umfangreichen Verlust.

Das zwar außer Betrieb befindliche, aber durchaus erhaltenswerte Tankstellengebäude mit weit auskragendem Dach in Hannover, konnte als Zeitzeuge unter Denkmalschutz gestellt, erhalten werden. Wie bei vielen anderen Bauten auch, führte zum Schadensbild weniger die natürliche Alterung, sondern vielmehr die unterlassene Bauwerkserhaltung. Oberflächenwasser drang kontinuierlich durch die Pappeindeckung und die Blechverwahrungen.

Aufgrund der noch vorhandenen Typenstatik und neuerlichen Untersuchungen des Betons und der Bewehrung konnte die Standfestigkeit nachgewiesen werden. Für die Dauerhaftigkeit musste allerdings ein Sanierungsprogramm festgelegt werden. Dieses bestand aus der kompletten Entfernung und Erneuerung der Dacheindeckung aus Bitumenbahnen einschließlich der Zinkblechabdeckungen. Erkennbare Risse wurden mit Tränkinjektionen geschlossen. Nach Sandstrahlung der Betonoberfläche und Entfernung loser Teile konnten Fehlstellen mit geeignetem Betoninstandsetzungsmörtel hoher Alkalität geschlossen und ausgeglichen werden.

An den Trägerkanten wurde soweit erforderlich die Bewehrung freigestemmt, ein Ersatz und eine Ertüchtigung war nicht erforderlich. Fehlstellen wurden wiederum mit einem Betonsaniermittel reprofiliert, Sichtbetonbereiche der Träger und Deckenplatte mit einem erneuten Anstrich geschützt (Abbildung 3 und 4).

Abb. 3: Sanierung: Burkhardt + Schumacher, Architekten und Ingenieure, Braunschweig

Abb. 4: Sanierung: Burkhardt + Schumacher, Architekten und Ingenieure, Braunschweig, Betonschäden

2.3 Der Einsteinturm von Erich Mendelsohn in Potsdam 1921

Der von Erich Mendelsohn 1921/22 erbaute Einsteinturm als Sonnenteleskop zählt zu den bedeutendsten expressiven Bauten der klassischen Moderne. Die gewählte organische Form des Turms mit seinem Sockel war für die damalige Zeit auch eine besondere technische Herausforderung. Vermutlich hatte Mendelsohn an ein Gebäude, an eine Skulptur aus dem neuen formbaren Material Beton gedacht. Wenn letztlich der Turm in einer Mischbauweise aus Stahlbeton und Mauerwerk realisiert wurde, lag vermutlich an den hohen Kosten, sicher aber auch an den Schwierigkeiten der Umsetzung dieser freien Form in eine Betonschalung. Als einen weiteren Grund des Schadensbildes am Turm nennt Pichler: *„Der Bewehrungsgrad am Einsteinturm beträgt weniger als ein Zehntel dessen, was heute als notwendig erachtet wird. Dies führt durch hygrische und thermische Spannungen zu konzentrierten Rissen mit folgender Korrosion der Eisen. Ein unbewehrter Beton wäre günstiger gewesen, als eine Armierung mit dem viel zu schwachen, weitmaschigen Bewehrungsnetz"* [4].

Abb. 5: Sanierung: Werkstatt für Denkmalpflege Pitz und Hoh, Berlin, Ingenieurbüro Gerhard Pichler, Berlin

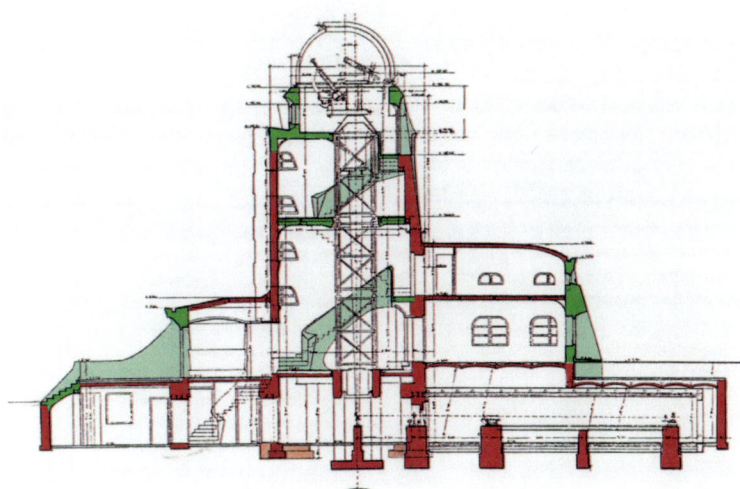

Abb. 6: Sanierung: Werkstatt für Denkmalpflege Pitz und Hoh, Berlin, Ingenieurbüro Gerhard Pichler, Berlin

Für die Sanierung wurde eigens ein Konzept entwickelt, das im Wesentlichen die Freilegung und Reinigung schadhafter Stellen, mineralischen Korrosionsschutz und die Schließung, bzw. die Reprofilierung der Fehlstellen mit kunststoffmodifiziertem Mörtel vorsah (Abbildung 5 und 6).

2.4 Das Arbeitsamt von Walter Gropius in Dessau, 1928

Dieses Gebäude ist konstruktiv vorrangig durch seine ummauerte Stahlskelettkonstruktion bestimmt [2]. Die dort aufgetreten Schäden ähneln durchaus den Stahlbetonproblemen, bei eindringender Feuchtigkeit und der damit verbundenen Ausdehnung des korrodierten Stahls und des dadurch gerissenen und abgesprengten Sichtmauerwerks. An prägnanten Stellen des Gebäudes finden sich über den sechs Eingängen auskragende Vordächer aus Stahlbeton. Auskragende Podeste realisierte Gropius bereits bei seinem ersten Hauptwerk der Moderne, dem Faguswerk in Alfeld 1911.

Als Schadensbild war zunächst die Absenkung der Vorderkanten der Vordächer um bis 4 cm erkennbar. Für die Dächer (2,93 m Breite und 2,00 m Auskragung) bestand die Forderung der Denkmalpflege, möglichst viel originale Bausubstanz zu erhalten. Die Voruntersuchungen des Betons und des Zustandes und der Lage der Bewehrung brachte zunächst ein befriedigendes, für eine dauerhafte Erhaltung und Sicherheit ein eher fragwürdiges Ergebnis. Eine bauzeitliche Statik war nicht vorhanden. Der Abriss der Dächer und folgender Neukonstruktion sollte vermieden, wie auch ein „Hochdrücken" der Dächer aus ästhetischen und technischen Gründen verworfen wurde. Die Vergrößerung des Schadens am Beton würde dadurch nur vergrößert. Die Voruntersuchung ergab als Hauptursache die ungünstige Lage der Zugbewehrung dicht oberhalb der Nulllinie und Schädigung von Beton und Eisen infolge der Durchbiegung und Rissbildung. Rechnerisch war die Bewehrung ausreichend.

Die Sanierung erfolgte durch eine Verstärkung der Zugzone mittels CFK Lamellen, nach vorheriger Abnahme der Dachabdeckung und Entfernung loser Betonteile (Oberflächenschale) bis auf festen Untergrund. Freiliegende Bewehrungsstäbe wurden sandgestrahlt, rostgeschützt, erkennbare Risse verfüllt. Das Belassen der Durchbiegung der Vordächer brachte letztlich das Problem der inneren Entwässerung, was nur durch eine geringe gegenläufige Erhöhung mit nahezu 0o Grad Gefälle gelöst werden konnte (Abbildung 7).

Abb. 7: Sanierung: Burkhardt + Schumacher, Architekten und Ingenieure, Braunschweig

3 Schlussbemerkungen

Die häufigsten Ursachen von Schäden an Stahlbetonbauten der klassischen Moderne entstehen durch mangelnde und unterlassene Bauunterhaltung.

Eindringende Feuchtigkeit, Reparaturen mit ungeeigneten Materialien erzeugen bauphysikalische Zustände, die ein großes Schadenspotential nach sich ziehen. Letztlich gilt es aber aus denkmalpflegerischen Gesichtspunkten und Wertvorstellungen, auch originale, bauzeitliche Betonteile als Geschichtszeugnisse zu erhalten, selbst wenn sie durch Putze oder Platten verdeckt nicht sichtbar sind. Manche Bauten oder Bauteile an besonders wertvollen Bauten bleiben ein Pflegefall.

Die gesammelten Erfahrungen mit Bauten aus der klassischen Moderne, bieten eine gute technologische und bauphysikalische Grundlage zur Erhaltung und Sanierung von Bauten der Nachkriegszeit.

4 Literatur und Quellen

[1]   Pauser, Alfred: Eisenbeton, 1850-1950, Wien 1994

[2]   Burkhardt, Berthold: Erhalten von Bauten der klassischen Moderne. In: Schittich, Christian: Bauen im bestand, Basel 2003

[3]   Roth, Alfred: Zwei Wohnhäuser von Le Corbusier und Pierre Jeanneret, Stuttgart 1927

[4]   Pichler, Gerhard: Die Baukonstruktion, oder: Warum bleibt der Einsteinturm ein Pflegefall? In: Huse, Norbert: Mendelsohn, Der Einsteinturm – Geschichte einer Instandsetzung, Wüstenrot Stiftung Ludwigsburg, 2000

Instandsetzung der Fassaden aus Betonwabensteinen des Kestner-Museums in Hannover

Rudolf Pörtner

Zusammenfassung
Besonderheiten des Baugefüges, Mängel in der Ausführung und das Altern des Betons führten an den Beton-steinwabenfassaden des Kestner-Museums in Hannover zu schwerwiegenden Schäden. Da man kein statisch-konstruktives Konzept für ein Wiederherstellen der Standsicherheit fand, plädierte man für den Abriss und einen Neubau der Fassaden. Nachfolgend werden zwei Instandsetzungskonzepte für eine Reparatur in situ vorgestellt, von denen eins realisiert wurde.

1   Baugeschichte und Architektur

Das am Friedrichswall in Hannover liegende Kest-ner-Museum ist ein Museum für Kleinkunst und Kunstgewerbe. Das 3-geschossige Gebäude wurde im Stil der italienischen Renaissance im Jahr 1889 nach einem Entwurf des Architekten Manchot aus Mannheim erbaut. Nach der Zerstörung des rückwär-tigen Flügels im 2. Weltkrieg richtete man das Ge-bäude 1948 wieder her. 1958 bis 1961 wurde das Museum nach einer Erweiterungsplanung von Wer-ner Dierschke – seinerzeit Baudirektor des Hoch-bauamtes der Stadt Hannover, später Professor an der Fakultät für Architektur der Universität Karlsruhe – auf etwa die doppelte Größe umgebaut.

Die Entwurfsidee bestand darin, Teile des alten Bauwerks zu erhalten und sie in den beiden Oberge-schossen mit neuen Fassaden aus einem Betongit-terwerk zu ummanteln (Abbildung 1). Das mit dem Umbau im Grundriss annähernd quadratische, ca. 34 x 38 m große Gebäude erhielt auf der Nord- (Stra-ßenseite) und Südseite neue Räume.

Abb. 1

In den beiden Obergeschossen wurde die alte Hauptfassade zur Innenwand eines großen Saales

(Abbildung 2). Fensterbrüstungen und Fensterrah-men baute man aus ferner wurden Fensteröffnungen geschlossen und Trennwände herausgenommen. Auf der Ost- und Westseite wurden die neuen Fas-saden unmittelbar vor dem Altbau errichtet.

Abb. 2

In den Fassaden wurden 4785 Betonwabensteine verarbeitet. Auf je zwei Steine „ohne Füllung" folgt in der Höhe versetzt jeweils ein Stein mit stehendem Mittelstück. In den Betonwabensteinfassaden gibt es im 1. Obergeschoss auf der Nordseite neun und auf der Ost- und Westseite je ein Vitrinenfenster jeweils in der Größe von 3 x 3 Wabensteinen. In der Flucht gegenüber den Waben zurückgesetzt, bekleiden Platten bzw. Steine aus Lohndorfer-Basaltlava das Erdgeschoss, den Deckenstreifen zwischen den Obergeschossen, die Attika und die Gebäudekanten. Außen waren die Wabensteine immer betonsichtig, ob das auch im Innenraum der Fall war, ist ungeklärt. Derzeit deckt raumseitig ein dunkles Grau eine helle Fassung. Im Rahmen der Instandsetzungs- und Renovierungsarbeiten werden die Betonwabensteine auf der Innenseite wieder hell gestrichen.

2 Betonwabensteine

In der Ansicht sind die Steine ca. 51 x 51 cm groß, die Bautiefe beträgt ca. 25 cm. Auf der Flankenseite der Steine gibt es eine Nut, die sich mit der Nut des benachbarten Steins zu einer Kammer ergänzt. In diesen Kammern der Fuge auf Fuge versetzten Steine sind jeweils zwei Bewehrungseisen ∅ 10 mm angeordnet. Die Bewehrungseisen wurden nicht einbetoniert, sondern eingemörtelt. Eine Nase auf der Oberseite des Steins verzahnt sich jeweils mit einer Nut auf der Unterseite. In den vermörtelten Lagefugen liegt jeweils ein Eisen ∅ 6 mm. Raumseitig sind die Steine mit einem umlaufenden Falz für die Verglasung aus lichtstreuendem Gussglas und Glasleisten aus Holz versehen.

Das Ergebnis einer Untersuchung der Fassaden in den Jahren 2000 / 2001 durch ein örtliches Ingenieurbüro lässt sich wie folgt zusammenfassen:

- Aufgrund der mangelhaften Betonüberdeckung und der überwiegend fehlenden Alkalität sowie der an vielen Stellen der Außenfassaden angehobenen Chloridwerte wird der Stahlbewehrung eine Korrosionsgefahr konstatier.
- Es wird ein Abriss und Ersatz der Fassaden empfohlen, da die Untersuchungsergebnisse und die Geometrie der Fassaden bei einer Instandsetzung nach der „Richtlinie des Deutschen Ausschusses für Stahlbeton für den Schutz und die Instandsetzung von Betonbauteilen" keinen langfristigen Erfolg erwarten lassen.

3 Ergebnisse eigener Erkundungen

Unsere teils vom Gerüst aus, teils mit Hilfe eines Hubsteigers durchgeführten Untersuchungen führten zu folgenden Ergebnissen:

Einzelne Waben werden von Netzrissen durchzogen, die sich stellenweise bzw. zeitweise nur durch Verschmutzung und Feuchte abzeichnen. Die Rissbreiten liegen bei etwa 0,05 mm, die Maschenweiten bei 5 bis 15 mm.

Die strukturellen Risse in den Steinen sind zum ganz überwiegenden Teil nicht breiter als 0,1 mm, vereinzelt auch einmal bis zu 0,8 mm breit. Risse, die nicht im Zusammenhang mit der Bewehrung in den Steinen stehen, sind die Ausnahme. Zum ganz überwiegenden Teil verlaufen die Risse im Beton der Wabensteine über Bewehrungseisen. Die Betonüberdeckung beträgt an diesen Stellen weniger als etwa 7 mm. Ferner gibt es Risse in Fortsetzung von Betonabplatzungen über korrodierender Bewehrung (Abbildung 3).

Abb. 3

Abb. 4

Auf allen Fassadenseiten sind ungefähr in den Drittelspunkten vertikale Bewegungsfugen angeordnet. Dennoch gibt es in zahlreichen Stoßfugen bis zu etwa 2 mm breite Abrisse des Fugenmörtels von den Steinflanken (Abbildung 4).

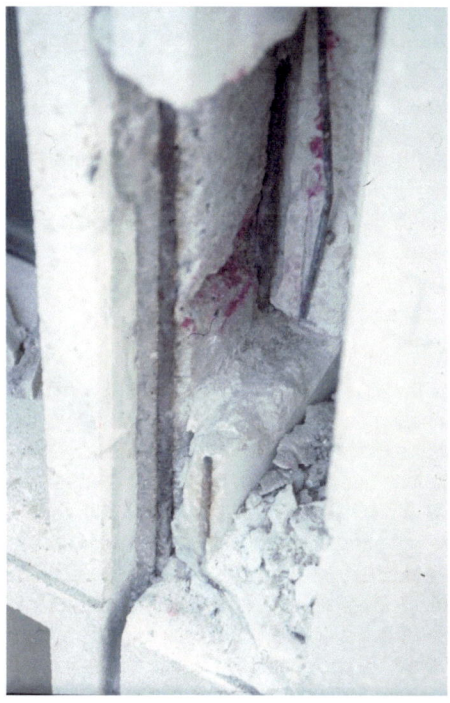

Abb. 5

Abb. 6

An den Gebäudekanten zeichnen sich auf der Innenraumseite klaffende Fugen zwischen den in der Ecke zusammenstoßenden Betonwabensteinen ab. Auf der Außenseite haben sich einzelne Quadersteine zwischen den Betonfassaden verdreht. In die Risse drang Regenwasser ein, löste Kalk aus und führte im Gebäudeinneren zu Sinterungen. Einzelne Bewehrungseisen in den Stoßfugen der Steine korrodierten. Korrosion kommt als eine Ursache für die Rissschäden in den Stossfugen in Betracht (Abbildung 5).

Ferner können zu den Schäden Eisbildungen und nicht funktionierende Bewegungsfugen beigetragen haben. Denn auch in den Achsen der Bewegungsfugen mörtelte man die Stoßfugen aus, um die Bewehrungseisen vor Korrosion zu schützen. Unbehindert sind Formänderungen nur in den Bewegungsfugenabschnitten der Attika, der Decken und des Erdgeschosses möglich.

Betontechnologisch bemerkenswert sind die Verschmutzungen auf den Laibungen und den „Sturzflächen" der Betonwabensteine. Schwarze Ablagerungen haften dort fest auf dem Untergrund, wo Regenwasser abfloss, die Steinflächen aber nicht beregnet wurden. Hingegen kam es nur auf den unmittelbar beregneten Flächen bis zu ca. 1,5 mm tiefen Abwitterungen, so dass die Zuschlagskörner dort erhaben vorstehen und mit ihrer Eigenfarbe zu mehr Farbigkeit des Betons beitragen. Der Beton wurde durch die Verwitterungen weder zermürbt noch in bedeutendem Maße mechanisch geschädigt (Abbildung 8).

Abb. 7

Abb. 8

Die Betondeckung der beiden in den Waben umlaufenden Bügel wurde jeweils in den Laibungen und an der Stirn der Betonwabensteine gemessen. Die auf den einzelnen Fassadenseiten gewonnenen Messwerte sind im Wesentlichen identisch. Für die Südfassade ergaben sich in ~ 20 v.H. Messungen Betondeckungen ≤ 10 mm, in ~ 50 v.H. Messungen Betondeckungen ≤ 15 mm und in ~ 70 v.H. Messungen Betondeckungen von ≤ 20 mm. Die gemessenen Karbonatisierungstiefen des Betons betrugen für die Westfassade zwischen 3 und 27 mm (i.M. 7,3 mm) und für die Südfassade zwischen 3 und 30 mm (i.M. 9,5 mm). Das heißt, die Karbonatisierungstiefen auf der Südseite sind größer als auf der Westseite. Ferner ergaben sich für die regengeschützten hinteren Bereiche der Waben – in der Nähe der Glasscheibe – deutlich größere Karbonatisierungstiefen als für die ungeschützten vorderen Bereiche. Die gemessenen Chlorid- und Sulfatbelastungen sind ohne Einfluss auf die Art der Instandsetzung.

Der Korrosionszustand der Bewehrung wurde nach der Dicke des Rostbelages klassifiziert. In den nicht karbonatisierten Zonen war der Stahl ohne Rostbelag. In den karbonatisierten Zonen ohne Oberflächenschäden gab es dünne Rostbeläge und vereinzelt Pustelbildungen. In den karbonatisierten Zonen mit Rissbildungen war es zu dünnen Rostbelägen mit Pustelbildung gekommen. Blattrostbildungen wurden nur dort angetroffen, wo es offensichtlich bereits vor längerer Zeit zum Aufbrechen der Betondeckung gekommen war. Die Bewehrung in den Vertikalfugen war dort erheblich schadhaft, wo Wasser in die Fugen und Kammern eindringen konnte.

Abb. 9

Abb. 10

Stellenweise hatte Blattrost die Eisen von ∅ 10 mm auf ∅ ≤ 7 mm reduziert. Geht man vom Zustand der Bewehrung an den Gebäudekanten aus, so sind vollständige Querschnittsverluste nicht auszuschließen (Abbildung 6 und 7). Die Bewehrungseisen in den Stoßfugen besitzen oben jeweils einen kleinen Endhaken, mit dem sie in eine Schlaufe eingehängt sind, die in der Attika bzw. der Deckenplatte einbetoniert wurde (Abbildung 9).

4   Bewertung der Befunde

Die Häufigkeit der Schäden an den Betonwabensteinen ist im Wesentlichen unabhängig von der Himmelsrichtung der Fassaden. Zwischen 1,3 und 4,4 % der Steine haben systematische Risse. Der Anteil der Steine mit aufgebrochener Betonüberdeckung liegt bei 2,0 bis 2,9 %. 2,1 bis 6,0 % der Steine weisen freiliegende Bewehrung auf. Insgesamt haben ≤ 10 % der Steine nennenswerte Schäden und/oder Mängel. Substanzverluste durch Verwitterungen der Steinoberfläche werden nur sehr langsam eintreten. Auch die Karbonatisierung wird in den nächsten Jahren nur in geringem Maß fortschreiten. Infolgedessen wird sich der Anteil der nicht mehr korrosionsgeschützten Bewehrung nur noch geringfügig erhöhen. Dabei muss die Bewehrung im karbonatisierten Bereich nicht zwangsläufig in schädlichem Maße korrodieren. Als kritisch ist eine Betonüberdeckung von ≤ 7 mm einzustufen. Daraus folgt, dass Korrosionsschäden potentiell noch an bis zu etwa 10 % der Bewehrung eintreten können. Allerdings liegt nur ein Teil der gefährdeten Bewehrung in Bereichen, die ungeschützt beregnet werden.

Ohne Fugenverschluss wird sich der Fortschritt der Schäden beschleunigen. Rechnerisch sind die Betonsteinwabenfassaden selbst noch dann standsicher, wenn in jeder dritten Stoßfuge die Bewehrung ausfällt. Weil nicht zu erkennen ist, wann dieser Grenzfall erreicht sein wird, sind bauliche Maßnahmen zwingend erforderlich. Aufgrund des geringen Ausmaßes vorhandener und noch zu erwartender Schäden an den Betonwabensteinen und weil wir eine Möglichkeit sahen, Bewehrung in den Stoßfugen zu ersetzen, wurde ein Instandsetzen der Fassaden in situ als ein besonders geeignetes Verfahren empfohlen. Nur wenige Wabensteine wurden als nicht reparabel eingestuft.

5 Überlegungen im Vorfeld der Instandsetzung

Unsere Ausführungsplanung führte zu dem Ergebnis, dass die Standsicherheit der Fassaden mit einer neuen, vorgespannten Bewehrung in jeder zweiten Stossfuge gewährleistet ist. Verschiedene technische Ausführungen zum Einbau der Bewehrung wurden angedacht. Alternativ wurde in Erwägung gezogen, die schlechte Bauphysik der Wabensteine, die aufgrund ihrer großen Außenflächen wie ein Kühlrippensystem wirken, durch bauliche Maßnahmen zu verbessern. Dabei dachten wir an ein Tragwerk, das raumseitig eine additive Glaswand tragen und gleichzeitig die Aussteifung der Betonwabenfassaden übernehmen sollte. Da die örtlichen Gegebenheiten jedoch einen grundlegenden Umbau der Installationen für Heizung und Lüftung erforderlich gemacht hätten und dafür kein Geld zur Verfügung stand, wurde dieser Weg einer Sanierung nicht weiter verfolgt.

6 Instandsetzungsmaßnahmen

Die Schäden an den Betonwabensteinen wurden durch Reprofilieren auf begrenzter Fläche ausgeräumt. Auf die Darstellung von Einzelheiten dazu wird in diesem Beitrag verzichtet. Um die neue Bewehrung in den Stoßfugen einbauen zu können, wurden die Fugen mit einer Kreissäge, in die zwei Sägeblätter eingespannt waren, aufgeschnitten. Der erforderliche Freiraum für die Säge zwischen der Fassade und dem Gerüst wurde mit Konsolen erreicht. Entsprechend der vorhandenen Fugenbreite betrug die Schnittbreite 10 mm (Abbildung 11). Um exakte Schnitte zu erzielen, hätte die Führungsschiene der Säge mehrfach mit den Wabensteinen verankert werden müssen. Da die Säge mit Wasser gekühlt werden musste, hätte ein Verankern durch die Öffnungen der Wabensteine hindurch im Bauzustand ein aufwendiges Abdichten der Durchstoßöffnungen erforderlich gemacht. Auch ein Verankern durch Bohrlöcher in den Fugen zwischen den Wabensteinen schied aus, weil sich die Bohrungen nicht ohne Schäden an den Steinen herstellen ließen. Als substanzschonendste Befestigung wurde schließlich erachtet, die Natursteinbekleidungen auf der Attika und den Deckenstreifen, die in besonderem Maße schadhaft waren und die ohnehin zu einem großen Teil ausgetauscht werden mussten, generell abzunehmen. Danach konnten auf den freiliegenden Betonkonstruktionen Traversen angedübelt werden, die als Auflager für einen Stahlträger dienten, mit dem die geschosshohen Betonsteinwabenfelder überbrückt werden konnten. Mit der auf dem Träger befestigten Führungsschiene für die Säge wurde eine steife Konstruktion erzielt, die zu exakten Fugenschnitten führte (Abbildung 13). Da die Kanten der Steine nicht immer in einer Flucht übereinander liegen, musste die Schnittführung so ausgemittelt

werden, dass keine Mörtelfugenreste stehen blieben und Stirnflächen von Waben nicht unnötig verschmälert wurden. Das Kühlwasser für die Säge wurde jeweils in Deckenhöhe in einer breiten Rinne aufge-

Abb. 11

Abb. 12

fangen (Abbildung 12).

In die Sägeschnitte wurde ein Flacheisen ⌀ 6/40 mm aus nichtrostendem Stahl als Bewehrung eingebaut. Das untere Ende des Flachstahls stützt sich über ein hammerkopfartiges, angeschweißtes Flacheisen gegen die Betonwabensteine ab. Am Kopf nimmt der Flachstahl einen angeschweißten Gewindestab ⌀ 12 mm in die Zange, so dass er mit Traverse, Vorlegscheibe und Mutter gegen die Betonsteinwaben vorgespannt werden konnte. Ferner ist der obere Haltepunkt jeweils mit einem Winkel und zwei Schrauben mit der Attika bzw. mit der Deckenplatte verbunden (Abbildung 14 zeigt noch die Ausführung aus dem Vorversuch mit einer Verbindungsschraube). Nach dem Vorspannen wurden die Ankerkanäle verfugt und injiziert. Die Schnitte in den Achsen der Bewegungsfugen wurden nicht wieder vermörtelt, sondern nur noch mit einem elastischen Material geschlossen.

Eine Sonderlösung war an den Gebäudekanten erforderlich. Zunächst wurden die verschobenen Natursteine ausgebaut und die korrodierten Eisen entfernt. Danach wurde gleichzeitig mit dem Wiedereinbau der Steine ein vertikaler Gewindestab in Abschnitten eingebaut, mit Koppelmuffen gestoßen und zwischen den Deckenplatten verspannt. Auf den Gewindestab aufgefädelte Flacheisen sind in den Lagerfugen mit der Verdollung der Eckquader verbunden und in drei Horizonten in Lagerfugen der angrenzenden Betonsteinwabenfassaden eingebunden (Abbildung 10).

Abb. 14

Abb. 15

Abb. 13

Abb. 16

7 Rückblick

Im Vergleich zu einem Neubau der Fassaden konnten mit dem Instandsetzen in situ denkmalgeschützte Bausubstanz bewahrt und erhebliche Baukosten eingespart werden. Die Instandsetzung soll in drei Bauabschnitten erfolgen. Der erste Bauabschnitt ist abgeschlossen. Derzeit läuft der zweite Bauabschnitt. Während der Bauzeit, die sich in Anpassung an das zur Verfügung stehende Budget strecken oder verkürzen lässt, geht der Museumsbetrieb mit kleinen Einschränkungen weiter. Staubwände trennen den Raum, in dem gebaut wird, vom Museumsraum (Abbildung 15 und 16). Die Museumsbesucher können ihrem Museum treu bleiben, das Museumsgut muss nicht ausgelagert, Räume für eine Zwischenlagerung müssen nicht angemietet werden. Die Mitarbeiter des Museums bleiben im Dienst. Die Renovierungsarbeiten im Inneren des Gebäudes können auf ein Minimum beschränkt werden. Das sind Vorteile, die in einer Zeit leerer Kassen von großer Bedeutung sind.

8 Abbildungsnachweis

Abbildungen 1 bis 16: Der Verfasser

Tagblattturm Stuttgart – Baugeschichte und Erhaltung

Petra Bohnenberger

Zusammenfassung

Wenig ist über den Stuttgarter Architekten Ernst Otto Osswald und seine Bauten über die Grenzen Stuttgarts hinaus bekannt. Und auch der Tagblattturm fristet ein unberühmtes Dasein, obwohl er in „Architektur des 20. Jahrhunderts" von Gössel und Leuthäuser im Kapitel „International Style" zu finden ist. Andere Bauten dieser Zeit in Stuttgart sind wesentlich bekannter geworden. So die Weißenhof-Siedlung oder das Kaufhaus Schocken von Erich Mendelsohn, das nur wenige Wochen vor dem Tagblattturm eröffnet wurde. 75 Jahre Tagblattturm beleuchten also auch 75 Jahre Bauen und Baugeschichte in Stuttgart. Mit der Planung für dieses Gebäude begaben sich Bauherr, Architekt, Stadtverwaltung und Experten auf Neuland, denn der Tagblattturm war das erste Hochhaus in Stuttgart, und, um die Superlative zu steigern, das erste Hochhaus in Eisenbeton, das in Deutschland zu dieser Zeit errichtet wurde [1]. Entsprechend schwierig und langwierig waren die Verhandlungen, da vor allem grundsätzliche Fragen erst beantwortet werden mussten: Ist es in städtebaulicher Hinsicht vertretbar, im Stuttgarter Talkessel Hochhäuser zu bauen? Wenn ja, wie viele, wie hoch und in welcher Lage? Ernst Otto Osswald bekam den „Auftrag seines Lebens", wie die Zeitung anlässlich seines 100. Geburtstages titelte. Nach seinen Plänen entstand ein Turmhaus auf minimalem Grundriss, mit 61 Metern Höhe etwa genauso hoch wie der Bonatz'sche Bahnhofsturm und der Turm des alten Rathauses von 1905. Als Erweiterung für das dort ansässige „Neues Tagblatt" – die spätere „Stuttgarter Zeitung" – geplant, wurde der Turm bald als Symbol der emporstrebenden Wirtschaftsstadt Stuttgart versinnbildlicht. Die Zeitung konnte fast 50 Jahre „ihren" Turm nutzen, dann wurde er zu eng und sie zog 1976 in das neue Pressehaus nach Möhringen. Bis heute setzt der Tagblattturm einen unübersehbaren städtebaulichen Akzent in der Innenstadt.

1   Die Entstehungszeit

Am 5. November 1928 wurde der Tagblattturm in der Eberhardstraße in Stuttgart, geplant von Ernst Otto Osswald, eröffnet. Seine Entstehungsgeschichte mit vielen Vorentwürfen, Planungen und Verhandlungen steht zeitlich auch im spannenden Zusammenhang mit der Entstehung der Weißenhofsiedlung und, direkt gegenüber, mit dem Neubau des Kaufhauses Schocken von Erich Mendelsohn.

Die Zeit war geprägt von hoher Arbeitslosigkeit, gepaart mit sich endlich, aber leider nur vordergründig, stabilisierenden wirtschaftlichen Verhältnissen. Die Reparationsleistungen als Folge des Ersten Weltkrieges waren zwar weder in ihrer Höhe noch in ihrer Dauer festgelegt, aber die Zahlungsmodalitäten wurden den deutschen Wirtschaftsverhältnissen angepasst. Der Weg war bereitet für Investitionen aus dem In- und Ausland. Die Erinnerungen an die heftige Inflation, die erst durch die Währungsreform 1924 beendet wurde, waren noch nah; dennoch war der Blick in die Zukunft von Optimismus geprägt.

In der Architektur war eine Diskussion um architektonische Grundfragen entbrannt. Mit neuen Baustilen, Baumaterialien und ästhetischen Anforderungen wurde experimentiert. Deshalb war vor allem auch das Vertrauen zwischen Bauherr und Architekt bedeutsam für das Entstehen neuer Architektur. So

betonte Osswald: "Bei der Durchführung eines Bauvorhabens gehört zum Wichtigsten das Verwachsensein mit der Arbeit, innige Verbundenheit zwischen Bauherrn und Architekten in der inneren Einstellung dem geplanten Objekt gegenüber" [2].

2   Ernst Otto Osswald

Ernst Otto Osswald wurde 1880 in Stuttgart geboren und begann seine Laufbahn als Architekt mit einer Ausbildung als Steinmetz, bevor er an der Staatsbauschule und der Akademie der Bildenden Künste studierte. Er arbeitete bei Theodor Fischer und machte sich bereits mit 28 Jahren selbstständig. Er hatte sein Büro in der Königstraße, ab 1928 dann im 13. Stockwerk des Tagblattturmes und baute hauptsächlich in Stuttgart und Umgebung. 1956 erhielt Osswald einen Ruf an die Technische Hochschule Stuttgart, den er aber aus Alters- und Gewissensgründen ablehnte.

Osswald bekam 1924 den Auftrag zur Erweiterung der Druckereigebäude für das Stuttgarter Neue Tagblatt. Doch auch die Räume für die Redaktionen waren für das Neue Tagblatt, eine der größten Zeitungen Süddeutschlands mit einer Auflage von mehr als 70.000 Stück und zwei Ausgaben täglich, viel zu eng geworden, so dass eine Erweiterung notwendig wurde.

Ernst Otto Osswald bereitete sich auf die Aufgabe eines Hochhausentwurfs ausführlich vor. 1925 begab er sich auf eine Studienreise und analysierte die besichtigten Gebäude hinsichtlich ihrer Grundfläche, ihrer Stockwerksanzahl, ihrer Ausstattung mit Treppen und Aufzügen und der Verwendung des Materials.

Abb. 1: Eberhardstraße 61, März 1926

Die Idee, ein Hochhaus zu bauen, ergab sich primär aus der Notwendigkeit, für die Zeitung einen Erweiterungsbau zu planen. Der Versuch, umliegende Grundstücke zu erwerben, schlug fehl. Lediglich die Eberhardstraße 61 konnte vom Neuen Tagblatt gekauft werden. Das darauf stehende Wohnhaus wurde abgerissen, für die Umnutzung von Wohn- in Geschäftshaus eine Ablösegebühr bezahlt. Auf diesem einzelnen kleinen Grundstück blieb nur die Planung eines Hochhauses.

Anfang der zwanziger Jahre (1921) hatten die Architekten Richard Döcker und Hugo Keuerleber in ihrer Studie "Hochhäuser für Stuttgart" etwa fünfzehn Hochhäuser mit Höhen bis 60 Metern für den Stuttgarter Talkessel und einige Kuppen vorgeschlagen. Damit war die erste Hochhausdebatte ins Rollen gebracht worden. Realisiert wurden diese Ideen bisher nicht.

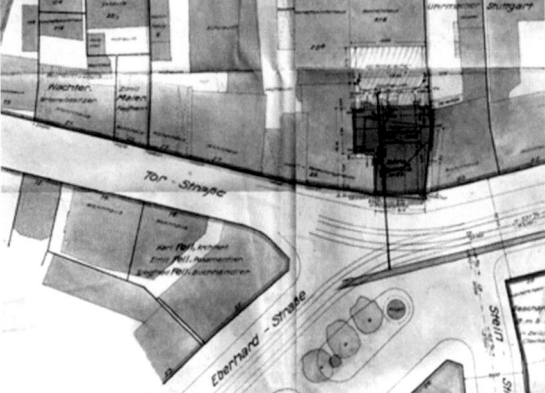

Abb. 2:   Lageplan Eberhardstraße, 1926
Für Osswald war aber diese Diskussion einige Jahre zuvor sicher ein guter Wegbereiter zur Durchsetzung seiner Pläne. So waren sich alle Sachverständigen sofort einig: Wenn ein Ort in Stuttgart für ein Hoch-

haus in städtebaulicher Hinsicht geeignet ist, dann der Kreuzungspunkt zwischen Eberhard- und Torstraße, an dem sich der Straßenraum weitet und die abknickende Eberhardstraße somit einen Schlusspunkt erhält.

3   Die Planungen

Erste Skizzen für den Neubau in der Eberhardstraße gibt es bereits von 1924. Zu dieser Zeit experimentierte Osswald mit den Dimensionen sowohl für die Grundrissfläche als auch für die Höhe des Gebäudes.

Die Funktionalität des Bauwerkes und der arbeitstechnische Ablauf waren für Osswald erstes Kriterium zur Entwurfsfindung. Und auch die Frage, inwieweit die technische Bewältigung und die künstlerische Gestaltung den zweckgebundenen Formausdruck mitbestimmen müssen. Diese verschiedenen Faktoren ringen um ihre Bedeutung auf der Suche nach der, wie sich Osswald ausdrückte, "einfachsten, klarsten Form" [3].

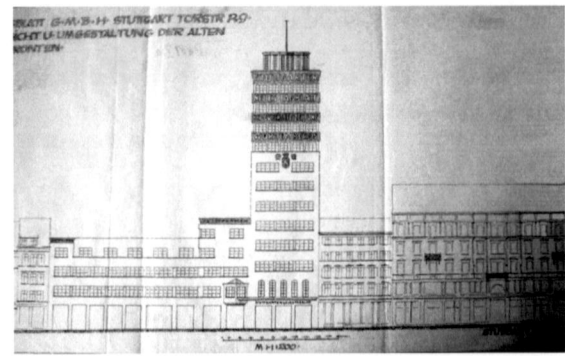

Abb. 3: Entwurf Eberhard-/Torstraße von 1924

Da er die Geschosse als „leere" Plattformen mit durch leichte Glaseinbauten unterteilten Bereichen plante, war er in der Gestaltung der Fassaden relativ frei von inneren Zwängen. Lediglich die Lage für Treppenhaus, Aufzüge und Toilettenräume musste festgelegt werden.

So wanderte in den verschiedenen Entwurfsstadien der Treppenhausbereich immer wieder in verschiedene Positionen. Die Grundrissfläche variierte zwischen der Breite der schmalen Baulücke von etwa neun Metern bis hin zur teilweisen Überbauung der Torstraße 29, um bei quadratischem Grundriss die gesamte mögliche Tiefe des Baugrundstücks auszunutzen.

Zum Schluss entschied sich Osswald für einen L-förmigen Grundriss, der erst im hinteren Teil, im Anschluss an das Gebäude der Torstraße 29, breiter wird und den zur Verfügung stehenden Hof teilweise überbaut. Die Kostenschätzung lag 1925 bei etwa 670.000 Reichsmark inklusiver aller Ausbauten, Aufzüge, Heizungen und Architektenhonorare.

Das erste Baugesuch wurde am 3. März 1926 eingereicht. 16 Vollgeschosse mit einer Gesamthöhe von
55,80 Metern sollten gebaut werden.

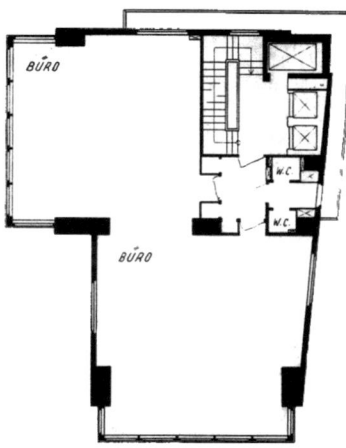

Abb. 4: Grundriss Obergeschosse

In der Bauabteilung des Gemeinderates entstand
eine vielschichtige Diskussion. Zum einen wurde ein
Hochhausbau an dieser Stelle in Stuttgart als unbe-
dingte Bereicherung des Stadtbildes gewertet. Andererseits war sich der Gemeinderat auch der Bedeutung dieses Bauwerks als erstes Hochhaus in Stuttgart bewusst. Neue Richtlinien mussten festgelegt
werden. Der gesamte Entscheidungsprozess, sowohl
auf Seiten des Architekten und des Bauherrn als
auch auf Seiten der Stadt war ein Experiment, ein
Ausloten der Möglichkeiten; immer mit dem Blick in
der Zukunft, was getroffene Entscheidungen für das
städtische Bild Stuttgarts bedeuten könnten.

Die Bauordnung sah für die Torstraße die Notwendigkeit, dass in die Gebäude Arkaden eingebaut
werden müssten, um dem gesteigerten Verkehrsauf-
kommen an dieser Kreuzung gerecht werden zu
können. Außerdem war bisher eine maximale Gebäudehöhe von 20 Metern laut Ortsbausatzung festgelegt, diese ließ aber Ausnahmen bei Privatgebäu-
den zu, wenn die architektonische Ausbildung eine
größere Höhe verlangte. Eine weitere Einschränkung
lag laut Ortsbausatzung in der Anzahl der Geschosse, die in diesem Stadtgebiet auf maximal fünf
Vollgeschosse festgelegt war.

Von diesen Vorschriften musste Befreiung erteilt
werden, und der Umgang mit diesen Befreiungen
sollte nicht leichtfertig erfolgen, um nachfolgenden
Planungen von Hochhäusern entsprechend begegnen zu können.

Alle Sachverständigen waren sich einig, dass ein
Hochhaus an dieser Stelle sehr zu begrüßen wäre,
gleichzeitig waren sich aber auch alle einig, dass es
keinen Wildwuchs von Hochhausbauten im Stuttgarter Kessel geben dürfe.

4   Der Wettbewerb

Um dieser Verantwortung gerecht zu werden und
nicht das Risiko eingehen zu müssen, sich nur auf
das Urteil oder den Entwurf eines Architekten zu
verlassen, wurde von der Bauabteilung des Gemeinderats vorgeschlagen, einen Ideenwettbewerb aus-
zuloben.

Das Neue Tagblatt fügte sich diesem Wunsch in
dem Sinne, dass es einen eingeladenen Wettbewerb
ausschrieb. Der erste Gedanke, drei der besten
deutschen Architekten um einen Entwurf zu bitten,
wurde mit der Begründung verworfen, die Beschränkung auf drei Stuttgarter Architekten hätte den Vorteil
der genaueren Ortskenntnisse.

Carl Esser, Generaldirektor des Neuen Tagblatts,
stimmte also einem Wettbewerb zu, obwohl er, wie
er versicherte, die Pläne Osswalds als „eine in allen
Teilen gelungene Lösung" [4] ansah.

Er schlug vor, die Architekten Paul Bonatz, Hugo
Keuerleber und Heinz Wetzel mit der Erstellung
eines Gutachtens über den Osswald'schen Entwurf
und sich daraus ergebenden Änderungsvorschlägen
zu betrauen. Eine Sachverständigenkommission
sollte die Arbeiten beurteilen und anschließend Osswald mit entsprechenden Vorgaben zum Neubau
beauftragen.

Die drei eingeladenen Architekten erklärten sich
mit der Aufgabe einverstanden; allerdings protes-
tierten sie bezüglich der in Aussicht genommenen
alleinigen Beauftragung Osswalds.

Paul Bonatz schrieb: „Der Osswald'sche Entwurf
ist mir von der Besichtigung bei Ihnen und dem
Sachverständigenbeirat her bekannt. Wenn er auch
im großen Ganzen die Aufgabe richtig löst, so habe
ich doch das Bedürfnis, für die Form des Turmhauses andere Vorschläge zu machen" [5].

Abb. 5: Entwurf Paul Bonatz

Die Kommission urteilte über Bonatz' Entwurf folgendermaßen: „Nach oben fehlt ein betonter Abschluss des Baues, der romantische Reiz des Unvollkommenen, Unvollendeten ist hier nicht am Platze. Die Ansicht der rechten Nebenseite sowie die Rückseite wirken in ihrem rein konstruktiven Aufbau roh und künstlerisch ungenügend verarbeitet. Dieselben erinnern an Fabrik- und Lagergebäude" [6].

Der Keuerleber'sche Entwurf bestätigte im Großen und Ganzen Osswalds Entwurf. Vorgeschlagene Änderungen waren so gering und „dürften nur in den wenigsten Fällen als wirkliche Verbesserung angesehen werden" [6].

Professor Wetzel schlug einen Turmbau vor, der weit hinter die Baulinie an der Eberhardstraße zurückgenommen war. Er stellte dem Turm einen sechsgeschossigen Bau voran, um so eine übermäßige Turmerscheinung zu vermeiden. Dies war auch einer der größten Kritikpunkte der Sachverständigenkommission, da eine zurückhaltende Erscheinung nicht das Ansinnen der Bauherrschaft gewesen sei und auch dem städtebaulichen Anspruch der Suche nach einer neuen Dominante nicht entsprach.

Abb. 6: Entwurf Heinz Wetzel

Richard Döcker wandte sich nach diesem Wettbewerb in einem Brief an Generaldirektor Esser und gab eine kurze und prägnante Beurteilung der Gutachten und des Entwurfs Osswald ab.

Er stellte fest, dass die gestellte Wettbewerbsaufgabe von keinem der Architekten erfüllt worden

sei. Es war nach Verbesserungen gesucht worden, und seiner Meinung nach wurde dieses Ziel nicht erreicht [7].

Carl Esser schrieb dem Aufsichtsratsvorsitzender der Stuttgarter Zeitungsverlag GmbH in Danzig folgende Zeilen: „Um es gleich vorweg zu sagen: Das Ergebnis war ein großer und bedeutsamer Sieg unseres Architekten Osswald über seine berühmten Partner in diesem edlen Wettstreit, auch über den Professor Bonatz, dessen Name doch in der deutschen Bauwelt einen weiten Klang hat" [8].

5   Die Verhandlungen

Zunächst war die Forderung der Stadt auf den Einbau von Arkaden im Bereich der Torstraße für die Fortentwicklung des Bauvorhabens hinderlich. Die Umformulierung der Bedingungen, dass ein Einbau von Arkaden irgendwann in Zukunft einmal möglich sein sollte, ließ die Planungen jedoch weiter gehen. "Ob dies (der Einbau von Arkaden) später auch bei dem Hochhause notwendig werden wird, ist immerhin fraglich. Es kann aber nicht schaden, wenn die Befreiung u. a. auch an die Bedingung geknüpft wird, das Gebäude (…) so zu gestalten, dass später der Fußgängerverkehr in das Gebäude hineinverlegt werden kann" [9].

Aber nicht nur wirtschaftliche Faktoren und eine günstige Ausnützung der Grundfläche spielten eine Rolle bei der Formfindung des neuen Gebäudes, sondern auch die Bedeutung und Symbolkraft der Presse in der wiedererstarkten Zeit. Osswald sagte dazu: "Die Bedeutung der Presse im heutigen Staats- und Wirtschaftsleben und insbesondere die des Stuttgarter Neuen Tagblatts schien mir außerdem wohl berechtigt, durch eine das Häusermeer von Stuttgart überragende Gebäudemasse als Sinnbild eines starken, nach hohen Zielen strebenden Wollens herausgehoben zu werden" [10].

Dass ein Hochhaus wünschenswert sei, wurde immer wieder betont, vor allem an dieser Stelle. Über die Höhe des Gebäudes und über die Materialbeschaffenheit der Fassaden waren sich die Verantwortlichen nicht so schnell einig. Im Sommer 1926 stand für das Stadterweiterungsamt fest, dass eine Betonoberfläche nicht in Frage kommen würde.

Für eine Überschreitung der Baulinie sowohl durch Pfeiler im Erdgeschoss als auch eine Auskragung der Obergeschosse sollte die Tagblatt GmbH eine Entschädigung von 600 Reichsmark pro Quadratmeter leisten.

Der Sachverständigenbeirat musste wiederholt zu den verschiedenen Planungsstadien Stellung nehmen. Er bestand auf seiner Ansicht, dass eine Höhe von 48 Metern für das Stuttgarter Stadtbild unbedenklich sei; eine Steigerung dieser Höhe sah er jedoch als Schädigung der Stadtansicht an.

Der Sachverständigenbeirat des Gemeinderats vertrat also im Bezug auf die Höhe eine andere Meinung als die Sachverständigenkommission.

Im November 1926 war das Neue Tagblatt bereit, zugunsten einer nun zügigen Genehmigung das geplante Hochhaus um zwei Geschosse zu reduzieren und somit die Diskussionen um die Gebäudehöhe zu beenden.

Die Vollgeschosse endeten bei diesen neuen Plänen in einer Höhe von 49,30 Metern, die zurückgesetzten Halbgeschosse bei 53,80 Metern.

Im Januar 1927 fand die entscheidende Sitzung des Sachverständigenbeirats statt. Dazu hatte Osswald erneut Schaubilder angefertigt, in die maßstäblich und perspektivisch der Turm einmal mit 48 Metern und einmal mit 60 Metern Höhe eingezeichnet worden war, und das Ergebnis der Betrachtungen war eindeutig: der höhere Turm wirkte besser. Durch die neuen Schaubilder wurde festgestellt, dass in den bisherigen, vom Stadtplanungsamt gefertigten, der Turm perspektivisch nicht ganz korrekt eingezeichnet worden war und die Verwendung von Deckfarbe in den Fotos ein Übriges zum ungünstigen Erscheinungsbild in der Stadtlandschaft beigetragen hatte. Also wurde die Entscheidung getroffen, den Turm mit 15 Vollgeschossen bei einer Höhe von 53 beziehungsweise 57 Metern für die Aufbauten zu genehmigen. Der obere Abschluss sollte nach dem Entwurf von Hugo Keuerleber erfolgen.

Abb. 7: Stadtansicht Stuttgart

In gleicher Sitzung wurde die Genehmigung für das Kaufhaus Schocken von Erich Mendelsohn verhandelt.

Da es sich, wie vorher schon erwähnt, um eine neue Erfahrung und Neuland im Bereich des Hochhausbaus drehte, beantragten die sozialdemokratischen und kommunistischen Fraktionen, die Entscheidung über den Neubau nicht nur der Bauabteilung, sondern die Abstimmung über die Genehmigung dem Gemeinderat zu überlassen. Das Baugesuch ging also in die öffentliche Gemeinderatssitzung, bei der nach einer Diskussion um das Für und Wider von Hochhausbauten mit 33 zu 22 Stimmen für den Neubau gestimmt wurde.

6 Die Baugenehmigung

Am 15. Februar 1927 wurde die Genehmigung für ein Hochhaus mit fünfzehn Voll- und zwei Halbgeschossen erteilt. Als Material für die Außenfassaden wurde die Idee des schalungsrauen Betons verworfen und eine gestockte Betonoberfläche aus einem Porphyrschotter- und Rheinkiesgemisch vorgeschlagen, wodurch ein heller, warmer Farbton der Oberflächen erzielt werden sollte. Die Fensterpfeiler sollen mit hart gebranntem, hellem Backstein gemauert werden. Der Bauwert wurde auf 800.000 Reichsmark festgelegt.

Abb. 8: Tagblattturm, vom Wilhelmsbau gesehen. Links im Bild ist das Treppenhaus des Kaufhauses Schocken von Erich Mendelsohn zu erkennen

Durch Bekanntwerden der Baupläne und die öffentliche Sitzung des Gemeinderats entstand auch in der Stuttgarter Öffentlichkeit eine Diskussion um den Tagblattturmbau. So meldete sich in der „Schwäbischen Tagwacht" ein Arzt und Sozialreformer zu Wort. Er führte fachliche, gesundheitsschädliche und wirtschaftliche Aspekte an, die seiner Meinung nach gegen den Bau von Hochhäusern sprachen: „In meiner 35-jährigen Praxis habe ich erdrückende Beweise für die schädliche Wirkung bekommen, die mit dem Treppensteigen verbunden sind. Die Bewohner von hochgelegenen Stockwerken scheuen sich, wenn sie nicht ganz kräftig sind, aufs äußerste, ohne zwingende Not hinunterzugehen. Es bleibt ein Schaden, der aus der Zulassung von Wolkenkratzern entspringt, dauernd unbehebbar: Das ist der, dass mit jedem weiteren Hochhaus der Hochhausgeist höher gezüchtet wird. Und dieser Geist führt zum Amerikanismus und schließlich zum Babylonismus, dessen Kern durch den Satz ausgedrückt wird: Die verschiedenen Einwohner Babels verstehen gegenseitig ihre Sprache nicht mehr, weil sie in mancherlei schroff voneinander verschiedene Klassen und Parteien zerspalten werden..." [11].

Auch die Redaktion der Schwäbischen Tagwacht schloss sich den Bedenken zum Neubau an und ergänzte einige Tage später: „Wir werden also erleben, dass das Stuttgarter Stadtbild durch ein 9 Meter breites, aber 60 Meter hohes „Handtuch" verhunzt wird. Denn das ist ja der Tenor der Regierungsantwort: Gebaut wird jetzt erst recht! Das wird sich sehr schön ausnehmen in der Altstadt" [12].

7   Die Voruntersuchungen

Die Voruntersuchungen zum geplanten Neubau begannen trotz öffentlicher Diskussionen. Mit Probebohrungen wurde der Baugrund durch Geologen untersucht, ein Wünschelrutengänger forschte nach Grundwasser, das Grundwasser wurde chemisch analysiert. Das Ergebnis dieser Untersuchungen war, dass in acht Metern Tiefe, wie vom Wünschelrutengänger vorhergesagt, fließendes Grundwasser gefunden wurde, das sehr gipshaltig war, weshalb für die Fundamente als Bindemittel Portlandjurament statt Portlandzement verwendet werden sollte. Außerdem fanden sich große Mengen Schlammablagerungen, die vom ehemaligen Stadtgraben stammten. Die Bodenbeschaffenheit in den verschiedenen Bereichen des Grundstücks war so unterschiedlich, dass der ursprüngliche Gedanke, das Gebäude lediglich auf eine dicke Eisenbetonfundamentplatte aufzulegen, verworfen und stattdessen eine Pfahlgründung geplant wurde.

Abb. 9: freigelegte Bohrpfähle

Die Pfähle sollten auf einer in elf Metern Tiefe liegenden, tragfähigen Kiesschicht stehen. Die Nähe der umliegenden Gebäude und die Enge der Baustelle ließ das Rammen von Betonpfählen nicht sinnvoll erscheinen. So sollten Bohrpfähle nach dem Verfahren der Firma Grün & Bilfinger aus Mannheim ausgeführt werden. Probebelastungen der ersten Pfeiler ergaben jedoch eine schlechte bis nicht vorhandene Tragfähigkeit. Um Aufschlüsse über das Versagen zu bekommen, wurden mehrere Pfähle

vollständig ausgegraben und dann auf ihre Beschaffenheit hin untersucht.

Die eigentlichen Bauarbeiten begannen am 16. April 1927, und nach vier Monaten war die Pfeilergründung bis unter die 1,50 Meter dicke Eisenbetonbodenplatte fertig gestellt.

Die Voruntersuchungen und Baubewegungen gaben allerlei Grund zu Vermutungen und Spekulationen in der Öffentlichkeit.

Abb. 10: Bauzeit 1927

So erschien in der Schwäbischen Tagwacht im Juli 1927 ein Artikel: „Es heißt, dass die Ausschachtungsarbeiten schon zu einer Tiefe von 42 Metern vorgedrungen seien, ohne dass man bisher auf festen, bebauungsfähigen Grund gestoßen sei. Man steht noch immer im Wasser und das ganze Bauwesen wird, sofern es überhaupt errichtet werden kann, lediglich auf Pfähle gestellt werden müssen.

Aber selbst diese Methode, der bei der geplanten Höhe des Gebäudes an sich schon große Bedenken entgegenstehen, scheint an der Tatsache scheitern zu sollen, dass bei den Schachtarbeiten eine stark schwefelsaure Quelle zutage getreten ist, die alles Eisen zerfrisst. Es wird berichtet, dass man versuchsweise einige starke eiserne Pfähle an dieser Stelle eingelassen habe, von denen aber nach wenigen Tagen keine Spur mehr zu entdecken war..." [13].

8   Die Nachtragsbaugesuche

Unermüdlich wurde in Tag- und Nachtschichten betoniert, geschalt und gebaut, während Osswald immer noch an Feinheiten und Änderungen des Entwurfs plante. Im August 1927 wurde ein Nachtragsbaugesuch zur Anbringung der Lichtreklame eingereicht.

Außerdem sollten nun Balkone als zweite Rettungswege ab dem 8. Obergeschoss angebracht werden und die Fensterpfeiler, die bisher aus hellem Backstein geplant waren, mussten aufgrund der veränderten Fundamente nun Lasten mit abtragen und sollten deshalb ebenfalls in Eisenbeton ausgeführt werden; zur Gliederung der Fassade aus schwarzgrauem, geschliffenem Eisenbeton mit Basalt und Rheinsand als Zuschlagstoffe.

Im November 1927, als durch den Baufortschritt die Wirkung des Turmes schon erkennbar wurde, beantragte Osswald die Genehmigung eines weiteren Vollgeschosses und einen höheren Aufbau für die Unterbringung der Aufzugsmaschinen.

Der Fortgang der Bauarbeiten war die beste Werbung und so wurde die Gesamthöhe von 61 Metern schnell genehmigt.

Am 17. März 1928 war der Rohbau fertig gestellt. Gleichzeitig mit dem Betonieren der oberen Geschosse wurden unten schon die Innenausbauten ausgeführt, Installationen und elektrischen Anlagen eingebaut.

Eine Vollendung des Entwurfs entstand durch die Planung der Konturenbeleuchtung, der so genannten Moorelichtanlage in Hellrosa, wie sie im Mai 1928 genehmigt worden war. "Die Beleuchtungsanlage für die Fassade des Turmhausneubaus hat planmäßig derart zu erfolgen, dass ein künstlerisch eindrucksvolles Nachtbild erzielt, jedoch die Tageswirkung des Turmhauses dadurch nicht beeinträchtigt wird" [14].

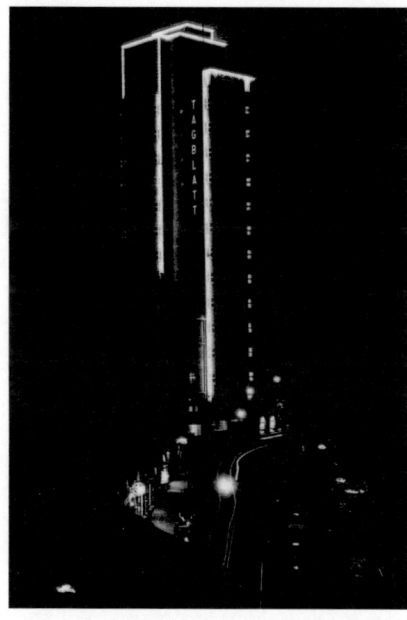

Abb. 11: Nachtansicht der Konturenbeleuchtung

9 Die Einweihung

Am 5. November 1928 wurde der Tagblattturm eingeweiht.

Das Gebäude war nach modernsten Maßstäben eingerichtet, mit Warmwasserheizung, Doppelfenstern, Müllabwurfschacht und Briefkastenabwurfschacht direkt in den Kasten der Reichspost im Foyer.

Die folgenden Worte, von Osswald anlässlich der Einweihung gesagt, zeigen, wie stolz er auf dieses Wagnis und das geglückte Experiment Tagblattturm war. „Sehen wir nun von außen den fertigen Bau in seiner schlanken Größe an, wie er sich dem Besucher in näherer und weiterer Entfernung zeigt, ... so ist sich jeder darin einig, dass das Turmhaus als eine einzigartige, ich darf wohl sagen, kühne Bereicherung des Stadt- und Straßenbildes dasteht.

Abb. 12: Der Tagblattturm im Häusermeer

Selbstsicher und zielbewusst überragt es das Häusermeer, von dem ihm die erreichte Höhe den genügenden Abstand gibt. Das ist kein Kirchturm früherer Zeiten mehr, der sich in Himmelsbläue verliert, auch kein Aussichts- oder Festungsturm, in den ein paar Nutzräume eingebaut sind, sondern ein erdverbundenes Haus, menschlicher Arbeit und menschlichem Wollen gewidmet, ein sieghaftes Zeichen unserer kämpfenden Zeit" [15].

De Fries, ein zeitgenössischer Architekturkritiker, urteilte über den Neubau wie folgt: "Was am Tagblattturm vor allem bestrickt, das sind die Tugenden der Anständigkeit seiner Haltung, der Schlichtheit der künstlerischen Mittel und die fast ideale Unaufdringlichkeit, mit der das ganze bauliche Kunstwerk auftritt. Das scheinbar Selbstverständliche ist noch immer das Schwerste. Dieses Turmhaus ist modern, wie im Stuttgarter Stadtbild nur eben denkbar, aber es ist nicht modisch, und darum wird auch nach zwanzig Jahren noch achtungsvolle Anerkennung ihm nicht versagt werden können" [16].

10 Weitere Entwicklung

Im Sommer 1930 wurde der Umbau der Gebäude Torstraße 27 und 29 genehmigt.

Abb. 13: Umbau der Fassade Torstraße 1930

Ziel war es, die Fassaden architektonisch an den Tagblattturm anzupassen. Der in früherer Zeit betonte Kontrast und das Lob der Einpassung eines modernen Gebäudes in eine gewachsene Struktur waren nicht länger relevant.

Abb. 14: Fassade mit Rettungsbalkonen

Den Zweiten Weltkrieg hat der Tagblattturm relativ unbeschadet überstanden, lediglich im Schacht des Schnellaufzuges landete eine Bombe; zum Glück ein Blindgänger. Die Reparaturarbeiten wurden von Osswald selbst geleitet und überwacht.

Die Zeitung blieb bis 1976 in den Räumen an der Eberhardstraße, dann zog sie in das neue Pressezentrum nach Möhringen. Eine ungewisse Zeit begann für den Tagblattturm, mit Diskussionen und Plänen für Abriss, Reduzierung und Neunutzung. Nach anfänglicher Ablehnung durch die Tagblatt GmbH wurde das Gebäude 1979 unter Denkmal-

schutz gestellt. Das Landesdenkmalamt dazu: "Unter den wenigen bisher als denkmalwürdig erkannten Stuttgarter Bauten aus der Zeit nach dem Ersten Weltkrieg steht der 1927/28 von Architekt E. Otto Osswald erbaute Tagblattturm mit an erster Stelle. Er ist ein frühes Beispiel einer ganz auf Funktion hin angelegten Architektur, die sich erstmals zum Sichtbeton bekannte und insofern nach der Fischer/ Bonatz/Schmitthenner-Zeit einer der ersten Vertreter der neuen Architekturgeneration. Der absolut zeitgleich zur Weißenhof-Siedlung errichtete Hochbau ist für den gesamten Stuttgarter Bereich der einzige Vertreter seiner Baugattung und seiner Bauzeit" [17]. Die Stadt kaufte den Tagblattturm 1979 und baute ihn als Kulturzentrum aus.

11   Erhaltungsmaßnahmen

Infolge der steigenden Luftverschmutzung in den sechziger und siebziger Jahren und der damit verbundenen Schädigung der Betonoberflächen wurde 1977/78 die Fassade des Tagblattturmes erstmals gereinigt und instand gesetzt. Zahlreiche Risse und Abplatzungen galt es zu reparieren. Freiliegende Bewehrungsstäbe wurden mit einer Korrosionsschutzbeschichtung versehen und mit einem kunstharzversetzten Zementmörtel verschlossen. Die gesamte Gebäudeoberfläche wurde anschließend mit einem Zementfeinmörtel überzogen und gegen weitere Carbonatisierung des Betons mit einer Dispersion auf Acrylharzbasis verschlossen.

Abb. 15: Stuttgart 1929

2001 wurde die Fassade von der Zimbelmann GmbH, Sindelfingen, erneut untersucht. Daraus ergab sich, dass der Schutzüberzug von 1978 weitgehend abgewittert und eine umfassende Sanierung notwendig war. Die Reste der ersten Instandsetzungsmaterialien wurden entfernt, auf korrodierte Bewehrungsstäbe Korrosionsschutz aufgebracht und die gesamte Fassade ab dem 2. Obergeschoss mit einem dehnfähigen Oberflächenschutzsystem versehen. Dazu wurde zuerst ein Feinspachtelmörtel mit der Kelle zum Verschließen aller Risse aufgebracht, anschließend ein Mörtelauftrag im Spritzverfahren zur Nachbildung der gestockten Betonoberfläche.

Nach einer Grundierung wurde die Fassade mit einem dreimaligen, dehnfähigen Farbauftrag mittels Walze überzogen. Als „Finish" wurden dunkelgraue und beige Farbtupfer aufgespritzt, um den ursprünglichen Farbeindruck zu simulieren. Im November 2003 wurde die Instandsetzung des Turmes abgeschlossen [18].

"Auf ein Hochhaus in den vorgegebenen Proportionen kann auf dem Grundstück Eberhardstraße 61 auch in Zukunft im Interesse des Stadtbildes nicht verzichtet werden" [19].

12   Literaturangaben

[1]   Stuttgarter Zeitung, 4.11.1988

[2]   Stuttgarter Neues Tagblatt 1928. Zur Weihe des Tagblatt-Turmhauses am 5. November 1928, Stuttgart, S. 19

[3]   ebd., S. 20

[4]   Carl Esser an Stadterweiterungsamt Stuttgart, 26.4.1926, Architekturmuseum München

[5]   Paul Bonatz an Carl Esser, 10.5.1926, Architekturmuseum München

[6]   Beurteilung der Sachverständigenkommission über die eingereichten Entwürfe, Architekturmuseum München

[7]   Richard Döcker an Carl Esser, 12.7.1926, Architekturmuseum München

[8]   Carl Esser an Gustav Fuchs, 17.7.1926, Architekturmuseum München

[9]   Technisches Gutachten Nr. 4772 vom 11.12.1926, Baurechtsamt Stuttgart

[10]   Stuttgarter Neues Tagblatt 1928. Zur Weihe des Tagblatt-Turmhauses am 5. November 1928, Stuttgart, S. 21

[11]   Schwäbische Tagwacht Nr. 43, 22.2.1927

[12]   Schwäbische Tagwacht Nr. 54, 7.3.1927

[13]   Schwäbische Tagwacht Nr. 164, 18.7.1927

[14]   Baugenehmigung, 8.5.1928, Baurechtsamt Stuttgart

[15]   Stuttgarter Neues Tagblatt 1928. Zur Weihe des Tagblatt-Turmhauses am 5. November 1928, Stuttgart, S. 35f

[16]   Fries, H. de: Das Tagblatt-Turmhaus in Stuttgart, Die Form, 1929, S. 28-34

[17]   Landesdenkmalamt, 11.2.1974

[18]   Vortrag von Prof. Dr.-Ing. Ruprecht Zimbelmann, Forum Zukunft Bauen, 13.11.2003

[19]   Michael Schempp, Leiter der Unteren Denkmalbehörde Stuttgart zur Zeit der Denkmalschutzdiskussionen

13   Abbildungsnachweis

1, 2, 3, 9, 10, 13, 14: Architekturmuseum München

4, 7, 8, 11, 12, 15: Archiv der Stadt Stuttgart

5, 6: db deutsche bauzeitung, November 1926

Durchführung, Kosten und Dauerhaftigkeit behutsamer Betoninstandsetzungen – Erfahrungen mit ausgeführten Maßnahmen

Martin Günter

Zusammenfassung

Im vorliegenden Beitrag wird über Erfahrungen berichtet, die bei der nunmehr über 10 jährigen Durchführung sog. behutsamer Betoninstandsetzungen gewonnen werden konnten. Nach diesen Erfahrungen ist es in vielen Fällen möglich, Betonbauten der Moderne auf behutsame, d.h. die originalen Oberflächen weitestgehend erhaltende Art instand zu setzen. Einige wenige anfängliche, negative Erfahrungen haben zwischenzeitlich zu Weiterentwicklungen der Vorgehensweise, zu Modifikationen der Ausschreibung der Instandsetzungsarbeiten und zu einer Präzisierung und Erweiterung der Forderungen an die ausführenden Firmen geführt. Mittlerweile kann auch diese Art der Instandsetzung zu den Routineaufgaben entsprechend erfahrener Ingenieure und Handwerker gezählt werden.

1 Einleitung

In den vorangegangenen Beiträgen zu diesem Symposium wurden die gedanklichen Hintergründe, Absichten und technologischen Grundlagen der behutsamen Betoninstandsetzung erläutert und ihre Durchführbarkeit unter Berücksichtigung des Standes der Technik belegt. An einzelnen Beispielen wurde deren praktische Umsetzung demonstriert.

Der vorliegende Beitrag fasst Erfahrungen zusammen, die bei der Mitwirkung an mehreren Instandsetzungen dieser Art gewonnen wurden.

2 Rückblick

Die gedankliche Auseinandersetzung mit einer Art der Betoninstandsetzung, die auf den abschließenden ganzflächigen Überzug der Stahlbetonoberflächen mit Spachtelungen und Beschichtungen verzichtet und so viel wie technisch begründbar von der originalen Bauwerksoberfläche erhält, begann etwa im Jahre 1990. Ausgelöst wurde sie durch die bevorstehende Modernisierung des nach einem Entwurf von Abel und Gutbrod im Jahre 1956 fertiggestellten Beethovensaals der Liederhalle Stuttgart, in deren Zusammenhang auch eine Instandsetzung der an den Sichtbetonaußenfassaden vorliegenden Schäden mit anschließenden Schutzmaßnahmen in Form von ganzflächigen Beschichtungen vorgenommen werden sollte. Nach eingehenden Untersuchungen des Bauwerkszustandes und darauf aufbauenden Prognosen der Dauerhaftigkeit der Stahlbetonflächen zeigte sich, dass auf eine Beschichtung verzichtet werden kann und die gealterten originalen Sichtbetonflächen unter Berücksichtigung des Standes der Technik weitestgehend erhalten werden können.

Seit dieser Zeit wurden mit dieser Konzeption unter unserer Beteiligung mehrere architektonisch und zum Teil historisch bedeutsame Beton- und Stahlbetonbauwerke instand gesetzt, siehe Tabelle 1.

3 Erfahrungen

3.1 Planung der Maßnahmen

Wie bei allen Bauvorhaben, beeinflusst auch bei der behutsamen Betoninstandsetzung neben der Qualität der Einzelleistungen, die Qualität der Zusammenarbeit zwischen Bauherr, Planer und ausführender Firma den Erfolg der Maßnahme.

Nicht in allen Fällen konnten wir in Bezug auf die Zusammenarbeit positive Erfahrungen machen, was auf die nachfolgenden Gründe zurückzuführen war.

Die Diskussion über eine behutsame Betoninstandsetzung setzte bei einigen Instandsetzungsmaßnahmen erst ein, nachdem die Planungen mit dem Ziel einer konventionellen ganzflächigen Schutz- und Instandsetzungsmaßnahme schon weit vorangetrieben waren. Es ist schon vorgekommen, dass unsere Untersuchungen und Planungen erst beginnen konnten, nachdem die ausführende Firma bereits den Auftrag zur Durchführung einer konventionellen Instandsetzung erhalten hatte. Die bereits in der Instandsetzungsmaßnahme involvierten Planungsbüros waren dadurch gezwungen, das ihrerseits angedachte Konzept der Instandsetzung in großen Teilen zu verwerfen und das von uns vorgeschlagene alternative Konzept – häufig unter dem Druck der Denkmalpflege – zu übernehmen.

Tab. 1: Beispiele „behutsamer" Betoninstandsetzungen

Bauwerk	erbaut	instand gesetzt
Öffentliche Gebäude		
Beethovensaal der Liederhalle Stuttgart	1956	1992
Gedenkstätte Osthofen	um 1900	1992
Speisehaus der Nationen, Berlin	1936	1998
Schulzentrum Lörrach	1964	1998
Messehalle III der „Alten Messe" in München	1907 / 1908	2002
Kestner Museum, Hannover	1963	2003
Lindebad, Badenweiler	1955	2003
Sakralbauten		
Turm der Matthäus-Kirche, Pforzheim	1952	1999
St. Antonius Kirche, Baden-Baden-Ebersteinburg	1969	2002
St. Franziskus-Kirche, Karlsruhe-Dammerstock	1936	2003 / 2004
Wohngebäude		
Mehrfamilienwohnhaus in München	1968	2003

Zahlreiche Besprechungen zur Vermittlung der Denkansätze bei der behutsamen Betoninstandsetzung und zur Ausräumung eines falschen Konkurrenzdenkens gehörten daher häufig zu den zusätzlichen Tätigkeiten bei den in solchen Fällen ohnehin unter einem hohen Zeitdruck durchzuführenden Voruntersuchungen und Planungen.

Aufgrund dieser Erfahrungen möchten wir empfehlen, bereits frühzeitig über die verschiedenen Möglichkeiten des Umgangs mit Sichtbeton bei einer erforderlich werdenden Instandsetzung zu diskutieren und deren Umsetzbarkeit im Einzelfall zu prüfen.

3.2 Praktische Umsetzung der Instandsetzung

3.2.1 Gestaltung der Ausbruchstellen

Das auf wenige Millimeter beschränkte Einschneiden der Betonrandzone zur Begrenzung der Betonausbruchstellen hat sich als sinnvoll und zweckmäßig erwiesen. Hierdurch lässt sich die Reparaturstelle nicht nur optisch besser in den Bestand einpassen, sondern es wird auch ein festerer Anschluss des Reparaturmörtels an den umgebenden Bauwerksbeton und eine bessere Stabilität und Widerstandsfähigkeit des Randes der Reparaturstelle bei der nachfolgenden steinmetzmäßigen Bearbeitung bzw. der Witterungsbeanspruchung erreicht. Ferner können hierdurch einspringende Ecken des Bestandes in die Reparaturstelle und dadurch verursachte Spannungskonzentrationen bei der Erhärtung des Reparaturmörtels und bei der Witterungsbeanspruchung weitgehend vermieden werden.

Die Umsetzung der genannten Erfahrungen wirkt sich selbstverständlich auch bei der konventionellen Betoninstandsetzung auf die Qualität der Reparatur positiv aus, erfolgt hier i. d. R. jedoch nicht.

3.2.2 Mörtelproduktion

Die lokal begrenzte, auf ganzflächige Überzüge verzichtende Betoninstandsetzung erfordert spezielle Mörtel und Betone, die nicht nur in ihren technischen sondern auch in ihren optischen Eigenschaften auf den Bauwerksbeton abgestimmt sind.

Bei den bislang durchgeführten Instandsetzungen wurden die verwendeten Mörtel und Haftbrücken nach zuvor ermittelter und geprüfter Rezeptur mit gutem Erfolg aus bauwerksspezifischen Ausgangsstoffen hergestellt.

Auch der Weg, kommerziell verfügbare Mörtel – hierbei handelte es sich um polymermodifizierte Zementmörtel (PCC) – in ihren optischen Eigenschaften auf den vorhandenen Bauwerksbeton abzustimmen, wurde schon eingeschlagen, sofern die mechanischen Eigenschaften, Wassertransporteigenschaften etc., die aus Grundprüfzeugnissen bekannt waren, einen Einsatz am Bauwerk erlaubten. Die Anpassung der optischen Eigenschaften gestaltete sich bei diesen Mörteln jedoch häufig schwierig und aufwändig, da die Mörtel i. Allg. andere Zuschläge beinhalteten als der Bestand und die Farbgebung nur durch Zugabe von Pigmenten bzw. Farbaufhellern durchgeführt werden konnte. Nicht alle angefragten kommerziellen Mörtelhersteller waren zudem bereit, ihre Standardrezepturen für zudem nur relativ kleine Chargen zu modifizieren.

Da für die kommerziellen Mörtel mit den nur den Herstellern bekannten Zusammensetzungen zudem häufig nur Langzeiterfahrungen für eine Anwendung unter ganzflächigen Oberflächenschutzsystemen (Feinspachtelung und Polymerbeschichtung) vorliegen, verblieb für die ausführende Firma bzw. den

Bauherrn zudem ein Risiko in Bezug auf unerwünschte Veränderungen des optischen Erscheinungsbildes.

Aufbauend auf diesen Erfahrungen gehen wir vermehrt dazu über, den auf das Bauwerk abgestimmten Mörtel in dafür geeigneten Werkstätten unter von uns unmittelbar kontrollierbaren Bedingungen herstellen zu lassen und den ausführenden Firmen zur Verfügung zu stellen. Eine Herstellung der Mörtel durch die die Instandsetzung ausführende Firma, d. h. bei geringerer Steuer- und Kontrollmöglichkeit durch den Planer, führte nicht immer zu den gewünschten Mörteleigenschaften.

3.2.3 Mörteleinbau

Die verwendeten Mörtel bzw. Betone können im Handauftrag, aber auch durch Spritzen oder durch Gießen in vorgefertigte Schalungen eingebaut werden.

Die Erfahrung hat gezeigt, dass bei der Verwendung einer Schalung noch stärker als bei der Herstellung von Sichtbeton, der Einfluss von Holzinhaltsstoffen auf die Oberflächenfärbung der Reparaturstellen beachtet werden muss.

Um einen Versatz der Oberflächen von Reparaturstelle und Umgebung zu vermeiden bzw. dichte Anschlüsse der Schalung an die umgebenden Bereiche herzustellen, war in einigen Fällen ein beachtlicher Aufwand erforderlich. Zudem erschwerte die Verwendung von Schalungen eine Kontrolle der Fehlstellenfreiheit der Reprofilierung während der Arbeiten.

3.2.4 Nachbearbeitung der Reparaturstelle

Zum Angleich des Erscheinungsbildes der Reparaturstellen an die Umgebung haben sich die bekannten Steinmetztechniken bewährt, die auf die ausreichend erhärtete ggf. bereits im frischen Zustand vormodellierte und/oder entsprechend überhöht eingebaute Mörtel/Betonoberfläche angewendet werden.

Schleifende Beanspruchungen und in gewissem Umfang auch das Sandstrahlen führen allerdings zu einer mehr oder weniger intensiven Weißfärbung der ausgewählten farbigen Zuschläge aber auch der Feinmörtelmatrix, da das Licht an den zahlreichen Schleifspuren auf den Zuschlägen gebrochen wird. Dies führt zu einer unerwünschten Aufhellung der Reparaturstelle, die erst im Laufe der Jahre wieder zurückgeht.

Besser bewährt zur Freilegung von Zuschlägen an der Oberfläche der Reparaturstelle als Maßnahme des optischen Angleichs an die Umgebung, hat sich das behutsame „Waschen" der Beton- oder Mörteloberfläche im frischen Zustand oder das behutsame Stocken der erhärteten Oberfläche.

Wegen der hohen Bedeutung der Nachbearbeitung der Reparaturstellen auf das Erscheinungsbild hat es sich bewährt, die Arbeiten von Steinmetzbetrieben, die das technische Grundwissen der

Betoninstandsetzung besitzen, vornehmen zu lassen.

3.3 Dauerhaftigkeit

3.3.1 Allgemeines

Von behutsamen Betoninstandsetzungen kann und muss eine zumindest gleiche Dauerhaftigkeit erwartet werden, wie von konventionellen ganzflächigen Maßnahmen.

Die Angabe der von ganzflächigen Maßnahmen zu erwartenden Dauerhaftigkeit ist schwierig, da diese neben der im Einzelfall verwendeten Sorgfalt in besonderem Maße auch von der Beanspruchung des Bauteils abhängt. Bei sorgfältiger Ausführung und Fehlen hoher Beanspruchungen (wie z. B. mechanischen Einwirkungen, stehendem oder konzentriert ablaufendem Regenwasser) ist mit Zeiträumen von 10-15 Jahren zu rechnen, bis eine ganzflächige Überarbeitung oder Erneuerung der Schutzmaßnahmen (Abtrag der alten Schichten und Neuauftrag einer Beschichtung) erfolgen muss.

So zeigen eigene Erfahrungen an zu begutachtenden, konventionell instand gesetzten Bauteilen allerdings auch, dass z. B. Korrosionsschutzbeschichtungen der Bewehrung in Reparaturstellen nicht oder nur unvollständig vorgenommen wurden, Verdichtungsstörungen größeren Ausmaßes im Reparaturmörtel vorlagen oder die Untergrundvorbereitung und die Materialwahl für den Auftrag von Spritzbeton und anderen Beschichtungsstoffen offenbar nur unzulänglich erfolgte. Beschichtungen lagen hohl oder lösten sich vom Untergrund ab. In solchen Fällen waren schon nach weniger als 5 Jahren erneute Instandsetzungen notwendig.

Die „älteste" von uns technologisch betreute, behutsame Betoninstandsetzung liegt nunmehr 12 Jahre zurück und erfolgte an den Außenfassaden des Beethovensaals der Liederhalle Stuttgart, die seit dieser Zeit keine weitere Bearbeitung erfahren haben. Im Zuge der planmäßigen Bauunterhaltung wird derzeit eine vom Bauherrn initiierte detaillierte Nachschau dieser Flächen durchgeführt.

Nachfolgend kann daher über Erfahrungen zur Dauerhaftigkeit behutsamer Betoninstandsetzungen berichtet werden. Neben Erfahrungen bei der Liederhalle werden hierbei auch Erfahrungen berücksichtigt, die an den anderen von uns betreuten und seit dieser Zeit kritisch beobachteten, behutsamen Instandsetzungen gewonnen wurden.

3.3.2 Langzeitverhalten der Reparaturstellen

Bei allen bislang instand gesetzten Sichtbetonflächen zeigen die Reparaturstellen keine Schädigungen in Form von Hohllagen, tiefgreifenden Rissbildungen oder dergleichen.

Untersuchungen zeigten, dass in einem Fall stellenweise festgestellte auffällige „Rostfahnen" an den Reparaturstellen durch einzelne rostende Zuschlagkörner ausgelöst wurden, nicht jedoch durch Korrosion der Bewehrung. In dem Fall, in dem dieses Phänomen auftrat, war der ausführenden Firma ein zu großer Spielraum bei der Auswahl der Zuschlagstoffe gewährt worden, was mittlerweile zu Modifikationen der Ausschreibung der Arbeiten führte, siehe Abschnitt 3.4.

Des Weiteren zeichnen sich an einigen Reparaturstellen nach einer Schlagregenbeanspruchung Rissmuster ab. Untersuchungen ergaben, dass es sich dabei um nur wenig tief in die Reparaturstellen hineinreichende, senkrecht zur Bauteiloberfläche verlaufende Risse sehr geringer Rissbreite (kleiner 0,1 mm) handelt, die sich jedoch bei Trocknung der Flächen vorübergehend als dunkle breite Streifen abzeichnen. Derartige, auf Eigenspannungen zurückzuführende Risse treten auch an Neubauten aus Beton auf und stellen keine Beeinträchtigung der Dauerhaftigkeit der Reparaturstellen dar. Der Reparaturmörtel zeigt auch an solchen Stellen keine Anzeichen einer Zermürbung oder Ablösung vom Untergrund.

3.3.3 Langzeitverhalten der nicht bearbeiteten Bereiche

An den Bauwerken, die unter unserer Mitwirkung behutsam instandgesetzt wurden, waren – abgesehen von bereits bauzeitlichen „Kaschierungen" von Betonierfehlern und einzelnen späteren „Verspachtelungen" von lokalen Schäden – seit der Herstellung der Sichtbetonflächen keine weiteren Bauunterhaltungsmaßnahmen vorgenommen worden.

Nach der Beseitigung der vorgefundenen Schadstellen im Zuge der behutsamen Betoninstandsetzung sind in den verbliebenen, nicht bearbeiteten Flächen – wenn überhaupt – nur zu einem verschwindend geringen Prozentsatz der Gesamtfläche weitere Schäden aufgetreten. Es handelt sich dabei um einzelne punktuelle Betonabplatzungen, die auf dieselben Schadensmechanismen zurückzuführen sind, wie sie bereits in den Voruntersuchungen beschrieben und vorausgesagt wurden.

Am Beethovensaal der Liederhalle Stuttgart werden diese wenigen Schadstellen nun 12 Jahre nach der behutsamen Instandsetzung im Zuge der regelmäßigen Bauunterhaltung, wie im Instandsetzungskonzept vorgesehen, beseitigt. Die Beschreibung der Arbeitstechniken und die Rezepturen für die Instandsetzungsmörtel wurden nach der behutsamen Instandsetzung beim Bauherren hinterlegt, so dass keine erneuten, umfangreichen Planungsleistungen notwendig werden. Erfahrungen, die bei jüngeren Instandsetzungen gewonnen wurden, fließen selbstverständlich ein. Die Arbeiten können mit einem Hubsteiger innerhalb weniger Tage durchgeführt werden.

3.3.4 Erscheinungsbild der Bauwerksflächen

Bei den bislang instand gesetzten Bauwerken blieb das Erscheinungsbild der lokal instand gesetzten Flächen auch nach mehrjähriger Standzeit harmonisch. Als Folge der natürlichen Bewitterung bzw. Alterung und Verschmutzung der Bauwerksflächen

fallen die Reparaturstellen immer weniger oder bereits nicht mehr ins Auge.

3.4 Ausschreibung

Obwohl die behutsame Betoninstandsetzung auf denselben technologischen Grundlagen aufbaut wie die konventionelle, hat sich eine exakte Beschreibung der Konzeption der Instandsetzung in den technischen Vorbemerkungen zur Ausschreibung bewährt. Hierdurch werden die an der Ausschreibung beteiligten Firmen für das sehr differenzierte und sorgfältige Vorgehen bei der Instandsetzung sensibilisiert und auf das erforderliche handwerkliche Geschick bei der Ausführung der Reprofilierungen aufmerksam gemacht.

Die Ausschreibung selbst enthält eine genaue Beschreibung der einzelnen Arbeitsschritte der Instandsetzung.

Ferner hat es sich als zweckmäßig erwiesen, die Rezeptur des Mörtels in der Ausschreibung anzugeben und Quellen zu benennen, bei denen die Mörtel produziert werden können. Es wird gefordert, dass der Mörtel unter Laborbedingungen zusammengesetzt, trocken vorgemischt und in fertigen Gebinden auf die Baustelle gelangt, wo nur noch die beiden Komponenten (Trockenmörtel und Anmachflüssigkeit) intensiv mit Zwangsmischern vermengt werden müssen.

Von der Firma werden Prüfungen und Nachweise abverlangt, die die richtige Zusammensetzung des Mörtels bzw. Betons und das Erreichen der geforderten Eigenschaften nachweisen.

Das Anlegen von Mustern des Mörtels bzw. Betons als erste Stufe und das Anlegen von Musterreparaturen am Bauwerk als zweite Stufe der der Instandsetzung vorangestellten Probearbeiten hat sich bewährt. Hierbei können einerseits Feinabstimmungen der optischen Eigenschaften des Instandsetzungsmaterials vorgenommen und andererseits die ausführende Firma im Hinblick auf die Qualität der Ausführung der Arbeiten überprüft bzw. korrigiert werden.

Die Ausschreibung enthält des Weiteren Positionen, mit denen die während der Instandsetzungsmaßnahme gleichbleibende Qualität der Instandsetzungsmaterialien und der Ausführung durch die ausführende Firma nachzuweisen sind.

3.5 Kosten der Instandsetzung

3.5.1 Allgemeines

Da bei der Instandsetzung ohne abschließende Feinspachtelung und Beschichtung die Gestaltung der Reparaturstellen i. Allg. einen höheren Aufwand erfordert als bei der konventionellen Instandsetzung, sind die auf die Fläche der Reparaturstelle bezogenen Kosten zumeist höher als bei der konventionellen Instandsetzung. Andererseits entfallen bei der behutsamen Instandsetzung die Kosten für ganzflächige Schutzmaßnahmen in Form von Beschichtungen. Dies hat auch Auswirkungen auf die Bauunterhaltung.

Ein allgemein gültiger Kostenvergleich der beiden Varianten der Instandsetzung ist nicht möglich, da sowohl bei der konventionellen als auch bei der behutsamen Instandsetzung die Einheitspreise bzw. Gesamtkosten der Arbeiten im freien Wettbewerb großen Schwankungen unterworfen sind.

In der nachfolgenden Tabelle 2 sind auf Erfahrungswerten beruhende, mittlere Einheitspreise für die jeweiligen Arbeitsschritte der Instandsetzung und der Bauunterhaltung aufgelistet.

Tab. 2: Arbeitsschritte und Kosten einer konventionellen und einer behutsamen Betoninstandsetzung und Bauunterhaltung im Vergleich

Position	Mittlere Einheitspreise	
	Ganzflächige Schutz- und Instandsetzungsmaßnahmen	Behutsame Instandsetzung mit lokalen Reparaturen
Instandsetzung		
Gerüst (€/m²)	5,00	5,00
Behutsames Reinigen der Gesamtflächen inkl. Wasseraufnahme (€/m²)	nicht erforderlich	15,50
Lokalisieren der Reparaturstellen (€/m²)	1,50	1,50
Bauwerksflächen Sandstrahlen oder Hochdruckwasserstrahlen inkl. Auffangen und Entsorgen des Abtrages (€/m²)	15,50	nicht erforderlich
Entfernen schadhaften Betons, Bewehrung freilegen (€/m²)	23,00	23,00
Bewehrung entrosten und reinigen (€/lfm)	6,00	6,00
Korrosionsschutzbeschichtung der Bewehrung (€/lfm)	7,00	7,00
Ausbruchstellen reprofilieren (Arbeitsaufwand) (€/m²)	33,00	41,50
Mörtel inkl. Haftbrücke, 5 cm dick (€/m²)	120,00	332,50
Steinmetzmäßige Nachbearbeitung der Reparaturstellen (€/m²)	nicht erforderlich	33,00
Feinspachtelüberzug (€/m²)	18,50	nicht erforderlich
Schutzanstrich (€/m²)	9,00	nicht erforderlich
Endreinigung (€/m²)	nicht erforderlich	4,50
Bauunterhaltung (Maßnahmen nach 10-15 Jahren)		
Gerüst (€/m²)	5,00	nicht erforderlich
Hubsteiger (Pauschale)	nicht erforderlich	1500,00
Entfernen nicht haftenden Altanstrichs inkl. Entsorgung (€/m²)	15,50	nicht erforderlich
Entfernen schadhaften Betons, Bewehrung freilegen (€/m²)	23,00	23,00
Bewehrung entrosten und reinigen (€/lfm)	6,00	6,00
Korrosionsschutzbeschichtung der Bewehrung (€/lfm)	7,00	7,00
Ausbruchstellen reprofilieren (Arbeitsaufwand) (€/m²)	33,00	41,50
Mörtel inkl. Haftbrücke, 5 cm dick (€/m²)	120,00	332,50
Steinmetzmäßige Nachbearbeitung (€/m²)	nicht erforderlich	33,00
Feinspachtelausbesserung (€/m²)	7,50	nicht erforderlich
Schutzanstrich ganzflächig (€/m²)	9,00	nicht erforderlich

3.5.2 Beispiel

Legt man eine Bauwerksfläche von 3000 m² zugrunde und nimmt einen Schadensanteil von 4 % der Bauwerksfläche an, der durch Reprofilierung instand gesetzt werden muss, so ergeben sich unter Berücksichtigung der in Abschnitt 3.5.1 genannten Maßnahmen und Einheitspreise Gesamtkosten für die Instandsetzung von ca. 198.000 Euro für eine ganzflächige Schutz- und Instandsetzungsmaßnahme und von ca. 160.000 Euro für die behutsame Betoninstandsetzung, siehe Zeile 1 in Tabelle 3.

Für eine eingehendere Analyse ist es sinnvoll, Kosten als Bezugswerte darzustellen. Dies geschieht für das genannte Beispiel in den weiteren Zeilen der Tabelle 3.

Es wird deutlich (Zeilen 1 bis 3 der Tabelle 3), dass eine behutsame Betoninstandsetzung beim angenommenen Schadensanteil kostengünstiger ist als eine konventionelle Instandsetzung, obwohl die Reprofilierungsarbeiten bei der behutsamen Instandsetzung einen höheren Aufwand erfordern als bei der konventionellen Instandsetzung (Zeile 4 der Tabelle 3).

Eine nach 10 bis 15 Jahren durchgeführte Bauunterhaltungsmaßnahme ist nach einer behutsamen Instandsetzung deutlich kostengünstiger als nach einer konventionellen Instandsetzung, da bei einer behutsamen Instandsetzung u. a. Aufwendungen für ein ganzflächiges Gerüst und die Überarbeitung bzw. Entsorgung von Altanstrichen entfallen.

Anhand der jeweils genannten Maßnahmen und Einheitspreise lässt sich ableiten, dass eine behutsame Instandsetzung erst dann teurer wird als ganzflächige Maßnahmen, wenn mehr als etwa 10% der gesamten Sichtbetonflächen geschädigt sind bzw. reprofiliert werden müssen. Berücksichtigt man zusätzlich eine nach 10 bis 15 Jahren durchgeführte Bauunterhaltung, liegt dieser Grenzwert bereits bei ca. 25 %.

Tab. 3: Kostenvergleich zwischen konventioneller und behutsamer Betoninstandsetzung (Beispiel)

Zeile	Kostenauswertung	Ganzflächige Schutz- und Instandsetzungs-maßnahme	Behutsame Instand-setzung mit lokalen Reparaturen
1	Gesamtkosten Instandsetzung	197.700 €	159.180 €
2	Gesamtkosten Instandsetzung bezogen auf 1 m^2 geschädigte Fläche bzw. bearbeitete Schadstelle (Schadstellenanteil: 4 % der Gesamtfläche)	1648 €/m²	1327 €/m²
3	Gesamtsumme Instandsetzung bezogen auf 1 m^2 Gesamtfläche (geschädigt und nicht geschädigt)	66 €/m²	53 €/m²
4	Kosten der Reprofilierungsarbeiten	410 €/m²	664 €/m²
5	Gesamtkosten erste Bauunterhaltung nach 10 bis 15 Jahren (Annahme Schadstellenanteil: 0,5 % der Gesamtfläche)	117.150 €	11.460 €
6	Gesamtkosten Instandsetzung und erste Bauunterhaltung nach 10 bis 15 Jahren	314.850,00 €	170.640,00 €

Selbstverständlich sind die genannten Grenzwerte stark vom örtlichen Wettbewerb abhängig und dürfen daher nur als grobe Richtwerte verstanden werden. Die Wirtschaftlichkeit und Nachhaltigkeit behutsamer Betoninstandsetzungen, soweit diese technisch richtig und begründet sind, wird jedoch deutlich.

Bei den Instandsetzungen, die von uns begleitet wurden, lag der Anteil der zu reprofilierenden Fläche deutlich unter 10 % der Gesamtfläche. In diesem Zusammenhang sei abschließend auf die Erfahrung hingewiesen, dass der Zustand eines Bauwerks aufgrund nur weniger gravierender Schäden auf den ersten Blick oft deutlich schlechter erscheint als er tatsächlich ist. Nicht zuletzt wegen dieser Erfahrung soll auch an dieser Stelle nochmals auf die Notwendigkeit genauer Schadensaufnahmen im Zuge der Voruntersuchungen hingewiesen werden, bevor die Möglichkeit einer behutsamen Betoninstandsetzung verworfen wird.

Programm der Tagung

30. März 2004, Hörsaal am Ehrenhof, Universität Karlsruhe (TH)

9.15 Uhr **Anmeldung/Kaffee**

10.00 Uhr **Begrüßung/Grußworte**
Prof. Dr.-Ing. Dr. h.c. mult.
Franz Nestmann
Dekan der Fakultät für
Bauingenieur-, Geo- und
Umweltwissenschaften
Universität Karlsruhe (TH)

Manfred Groh
Bürgermeister
Stadt Karlsruhe

Dipl.-Kfm. Andreas Kern
Mitglied des Vorstandes
Heidelberg Cement AG

Grundlagen

10.30 Uhr **Betonbauten der Moderne – Eine
kurze Entwicklungsgeschichte des
Stahlbetonbaus**
Prof. Dr.-Ing. Hartwig Schmidt
RWTH Aachen

11.00 Uhr **Baudenkmale aus Beton in Baden-
Württemberg – Kriterien und
Beispiele**
Dr. phil. Clemens Kieser
Landesdenkmalamt Baden-
Württemberg, Karlsruhe

11.30 Uhr **Betonbauten der Moderne –
Instandsetzung und Nutzung als
kommunale Aufgabe**
Dipl.-Ing. Arch. Hans Rasche
Stadt Nürnberg

12.00 Uhr **Denkmalgerechte
Betoninstandsetzung – Überblick
und technisch-wissenschaftliche
Grundlagen**
Prof. Dr.-Ing. Harald S. Müller
Universität Karlsruhe (TH)

12.30 Uhr **Mittagspause**

Technologie

13.30 Uhr **Instandsetzungswerkstoffe –
Entwicklung, Eigenschaften,
Verarbeitung**
Dr.-Ing. Martin Günter
Ingenieurgesellschaft Bauwerke
GmbH, Karlsruhe

14.00 Uhr **Lebensdauerprognoseund
Dauerhaftigkeit von
Betonrandzonen**
Dipl.-Ing. Edgar Bohner, MSc
Dipl.-Ing. Michael Vogel
Universität Karlsruhe (TH)

14.30 Uhr **Statisch-konstruktive Maßnahmen**
Dr.-Ing. Rudolf Pörtner
Büro für Baukonstruktion, Karlsruhe

15.00 Uhr **Umsetzung gestalterischer Aspekte
bei der Instandsetzung**
Dipl.-Ing. Hubert Baumstark
Freier Architekt, Karlsruhe

15.30 Uhr **Kaffeepause**

Fallbeispiele

16.00 Uhr **Betonsanierung an Bauten der
klassischen Moderne**
Prof. Berthold Burkhardt, Universität
Braunschweig

16.30 Uhr **Instandsetzung der Fassaden des
Kestner-Museums Hannover**
Dr.-Ing. Rudolf Pörtner, Arge
BfB&IGB

17.00 Uhr **Tagblattturm Stuttgart –
Baugeschichte und Erhaltung**
Dipl.-Ing. Petra Bohnenberger,
Stuttgart

17.30 Uhr **Durchführung, kosten und
Dauerhaftigkeit behutsamer
Betoninstandsetzungen –
Erfahrungen mit ausgeführten
Maßnahmen**
Dr.-Ing. Martin Günter, Arge
BfB&IGE

18.00 Uhr **Schlußwort**
Prof. Dr.-Ing. Harald S. Müller
Universität Karlsruhe (TH)
Ulrich Nolting, Geschäftsführer
Süd Zement Marketing GmbH

Imbiss

Referenten- / Autorenverzeichnis

Dipl.-Ing. Hubert Baumstark
Freier Architekt, Rastatter Straße 29, 76199 Karlsruhe

Dipl.-Ing. Petra Bohnenberger
Friedrichsberg 46, 70567 Stuttgart

Dipl.-Ing. Edgar Bohner, MSc
Institut für Massivbau und Baustofftechnologie, Universität Karlsruhe (TH), MPA Karlsruhe,
Gotthard-Franz-Straße 3, 76131 Karlsruhe

Prof. Berthold Burkhardt
Institut für Tragwerksplanung, Technische Universität Braunschweig, Pockelsstrasse 4,
38106 Braunschweig

Dr.-Ing. Martin Günter
Ingenieurgesellschaft Bauwerke GmbH, Tullastraße 74, 76131Karlsruhe

Dr. phil. Clemens Kieser
Landesdenkmalamt Baden-Württemberg, LDA in Karlsruhe, Moltkestraße 74,
76133 Karlsruhe

Prof. Dr.-Ing. Harald S. Müller
Institut für Massivbau und Baustofftechnologie, Universität Karlsruhe (TH), MPA Karlsruhe,
Gotthard-Franz-Straße 3, 76131 Karlsruhe

Dr.-Ing. Rudolf Pörtner
Büro für Baukonstruktionen GmbH, Rastatter Straße 25, 76199 Karlsruhe

Dipl.-Ing. Arch. Hans Rasche
Hochbauamt Stadt Nürnberg, Marientorgraben 11, 90402 Nürnberg

Prof. Dr.-Ing. Hartwig Schmidt
RWTH Aachen, Lehr- und Forschungsgebiet Denkmalpflege, Schinkelstr. 1, 52062 Aachen

Dipl.-Ing. Michael Vogel
Institut für Massivbau und Baustofftechnologie, Universität Karlsruhe (TH), MPA Karlsruhe,
Gotthard-Franz-Straße 3, 76131 Karlsruhe